INGLÉS
PASO A PASO CON
VAUGHAN
EL INGLÉS EFICAZ

Autores: Richard Vaughan, Richard Brown, David Waddell, Siobhan O'Connor, Nick Keyte, Álvaro Martino, Annie Casasús, Carmen Vallejo, Víctor Sanabria y Lucía Fraile

Concepto original: Siobhan O'Connor y Richard Brown

Edición y coordinación del proyecto: Annie Casasús

Edición del castellano: Elena Araújo

Dirección del proyecto: Richard Brown

Diseño y maquetación: ZAC diseño gráfico

Ilustraciones: Sandra Aguilar

ISBN: 978-84-92879-86-1

Dep. Legal: M-10103-2013

Imprime: Macrolibros

17

3 NIVELES:

BÁSICO
INTERMEDIO
AVANZADO

SÍMBOLOS

A lo largo de este libro irás encontrando símbolos que incidirán en diversos aspectos del inglés y te ayudarán a mejorar tu experiencia por este arduo camino. A continuación te damos una breve descripción de cada uno de ellos:

PRONUNCIACIÓN

En Vaughan prestamos especial atención a la correcta pronunciación, y la trabajamos considerándola desde la perspectiva del no nativo. Por este motivo hemos creado un sistema que utiliza la fonética castellana para aproximarse lo más posible a la pronunciación inglesa. Asimismo verás que utilizamos una tilde para indicar dónde recae el énfasis de la palabra. Por ejemplo, ***"disprove"*** se pronunciaría **/dissspruúuvvv/**. Desde luego hay gran variedad de acentos ingleses y no existe un único acento 'correcto'. Sin embargo, en nuestros libros nos ceñimos a una pronunciación inglesa que consideramos 'neutral'.

ASPECTOS CLAVE

Siempre que veas este símbolo te estaremos señalando aspectos clave del inglés que debes aprender y memorizar ya que son necesarios para consolidar tu aprendizaje. Por eso, párate y dedica unos minutos a asimilar los conceptos que aquí te presentamos.

INFORMACIÓN ADICIONAL

En estos puntos te ofrecemos información y curiosidades adicionales del idioma que, no siendo imprescindibles, te permitirán ir un paso más allá y enriquecer tu inglés.

ERRORES COMUNES

¡No des un paso falso! Éste será el espacio reservado para tratar aquellos errores comunes y recurrentes que cometen los no nativos cuando hablan inglés, y que suponen un agravio para nuestros finos y delicados oídos. ¡Vaya manera de pisotear nuestro idioma! ¡Te daremos todas las pistas para que tú no seas uno de esos que tropieza una y otra vez en la misma piedra!

RETO

Este símbolo te informa que ha llegado el momento de ponerse a prueba. Saca tu cronómetro y realiza el ejercicio que te proponemos a la mayor velocidad posible. Actualmente la mayoría de los móviles tienen un cronómetro, ¡así que no tienes excusa!

REPASO CONTINUO

Si lo que deseas es hablar bien inglés, ¡el repaso continuo es un paso esencial que no puedes olvidar! El aprendizaje de un idioma requiere almacenar muchos datos en la cabeza y reproducirlos de forma inmediata siempre que sea necesario. ¡Nosotros vamos a ayudarte en esa tarea! De vez en cuando te pondremos a prueba sobre cosas que ya hemos visto ¡y tendrás que responder tan rápido como puedas!

PASO A PASO

Inglés Paso a Paso con Vaughan es un curso hecho a medida para ti que te llevará de la mano por todas las ramas de nuestro idioma, desde lo más básico hasta lo más complejo. Iremos motivándote durante todo el camino, dándote una plétora de consejos para consolidar tu aprendizaje en cada instante. **Paso a paso**.

En cada nivel de cada libro hay diez pasos a seguir. Hay pasos sobre gramática pura, pasos para enriquecer tu vocabulario, pasos para afinar tu pronunciación, pasos para limar errores o rellenar lagunas, y pasos para repasar lo ya visto. Todo presentado de forma amena para que vayas asimilando el aprendizaje de manera consolidada. Poco a poco. **Paso a paso**.

Empezaremos con lo más básico, trabajando cada concepto a fondo hasta que llegues a interiorizarlo para que forme parte de tu inglés activo. Siempre te recordaremos la importancia de no avanzar a un concepto nuevo hasta que hayas afianzado el anterior. La paciencia es tan importante como el esfuerzo continuo. **Paso a paso**.

Trabajaremos la pronunciación a tope desde nuestro sistema fonético, hecho a medida para ti para que llegues a aproximarte lo máximo posible a una buena pronunciación, pero siempre dándote indicaciones adicionales sobre qué tienes que hacer en cada momento con la lengua o boca. **Paso a paso**.

¿Cómo abordar este curso?

- La clave del éxito está en la perseverancia. Si pretendes adquirir un buen nivel de inglés en poco tiempo, estás muy equivocado. Hacerse con otro idioma requiere tiempo, constancia y esfuerzo. Con dedicarle **20 minutos al día TODOS LOS DÍAS DE LA SEMANA**, es suficiente como para notar grandes progresos.
- Primero escucha el audio, una sola pista. Luego lee el texto correspondiente en el libro y practica los ejemplos siempre **EN VOZ ALTA**. Luego vuelve a practicar con el audio todas las veces que sean necesarias hasta que domines la estructura presentada tanto desde el punto de vista oral como auditivo.
- El repaso continuo constituye una parte integral del curso, pero por encima de eso recomendamos enérgicamente que repases todas las lecciones o *Pasos* anteriores con frecuencia. Cuanto más mejor.

Esperamos que disfrutes aprendiendo mi idioma tanto como nosotros disfrutamos enseñándolo. Sólo nos queda desearte muchísima suerte con el inglés, recordando siempre que la suerte se labra. Al final, todo depende de ti. ***Good luck!***

Richard Vaughan

nivel

básico

La 'S'

†

Aquí yace la **'S'**, humilde sirviente de la lengua inglesa.
No podía más. Tras años de resistencia, nos deja para siempre.
Que este epitafio sirva de homenaje a tantos años de maltrato y negligencia,
y que nos recuerde eternamente los terribles abusos diarios
que padeció y sufrió esta pobre letra.

¡Cruel abandono!

Somos muchos los que hemos luchado para evitar su caída en desuso.
Finalmente, todos nuestros esfuerzos han sido en vano.

Adiós, amada **'S'**.

¡A resucitarla!

La **'s'** ha muerto. Después de que miles de alumnos os empeñéis en eliminarla de su honorable posición al final de un verbo expresado en tercera persona del singular del presente simple, toda esperanza de restaurar a la reina usurpada de su trono se ha desvanecido.

¡Sólo tú puedes salvarla!

Lo que vas a ver en el nivel básico...

1

Empezamos trabajando con el adverbio de frecuencia ***"sometimes"*** (**'a veces'**).

2

Continuamos con el adverbio de frecuencia ***"always"*** (**'siempre'**).

3

Nos centramos en la pronunciación del verbo ***"to study"***.

4

Seguimos viendo estructuras de frecuencia, en esta ocasión introduciéndote los términos ***"once"*** (**'una vez'**) y ***"twice"*** (**'dos veces'**).

5

En el vocabulario de esta entrega hablamos de ocho **'asignaturas'** clave.

6

Aprenderás el uso de la estructura ***"to try to..."*** (**'intentar'**)

7

Veremos cuatro expresiones básicas: ***"What a good...!"***; ***"What a bad...!"***; ***"What a great...!"*** y ***"What a terrible...!"***.

8

¡Ojo con las preposiciones! En este *Paso* evitaremos que digas *"in this moment"* cuando en realidad quieres expresar ***"at the moment"***.

9

Trabajaremos las **fechas**, tanto al estilo americano como al estilo británico.

10

¡Terminamos con un **rePaso** de todo lo que se ha visto en este nivel!

PRONUNCIACIÓN (I)

Recuerda que *"Saturday"* (**'sábado'**) se pronuncia **/sssáttteedddei/** y que *"Sunday"* (**'domingo'**) se pronuncia **/sssáannndddei/**.

PRONUNCIACIÓN (II)

Entre los ejemplos de este *Paso* te encontrarás con un deporte que es bastante popular en el Reino Unido: ***"rugby"***. Ten en cuenta que nosotros lo pronunciamos **/ráagggbii/** y no /rúgbii/.

1

PRONUNCIACIÓN (III)

El sonido de la **'s'** al final de ***"sometimes"***, ***"plays"***, ***"has"*** y ***"studies"*** es un sonido vibrado (**/s/**) mientras que la **'s'** al final de ***"works"*** es una **'s'** marcada (**/sss/**).

¡Pon el CD!
Pista de audio
1

Gramática I

Adverbios de frecuencia: sometimes

Sujeto	+	adverbio de frecuencia	+	verbo	
I	+	sometimes	+	have	**Yo a veces tengo**
He	+	sometimes	+	has	**Él a veces tiene**

En la última entrega, concretamente en el *Paso 3*, aprendiste tu primer adverbio de frecuencia: *"usually"* (**'normalmente'**). En el *Paso* que nos ocupa te presentamos otro: *"sometimes"*, que significa **'a veces'**.

Recuerda igualmente, que junto con el adverbio *"usually"*, trabajamos los verbos *"to play"*, *"to study"* y *"to work"* en el presente simple, los cuales tenemos la oportunidad de seguir practicando ahora empleando la **tercera persona del singular**. Dichos verbos se conjugan así en el presente simple:

yo	I	+	
tú	you	+	play
nosotros	we	+	work
vosotros	you	+	study
ellos	they	+	

él	he	+	play**s**
ella	she	+	work**s**
ello	it	+	stud**ies**

Como queda patente, estos verbos acaban en **'s'** al conjugarlos en tercera persona del singular cuando hablamos en presente simple. Y así es para todos los verbos no auxiliares (el 99% de todos los verbos de nuestro idioma), así que como regla merece la pena interiorizarla para luego poder aplicarla.

Ahora vamos a trabajar nuestro adverbio *"sometimes"* sirviéndonos para ello de la estructura *"How often...?"* (**'¿Con qué frecuencia...?'**). Como ves en los siguientes ejemplos, el profesor hace una serie de preguntas con esta estructura a las que el alumno debe responder empleando el adverbio *"sometimes"*. Y ¿dónde se coloca *"sometimes"*? Pues justo delante del verbo.

How often does your wife have lunch in her pyjamas?	**My wife sometimes has lunch in her pyjamas.**

"Pyjamas" se pronuncia **/pilláaammmas/**.

How often does your boss have breakfast in his suit?	**My boss sometimes has breakfast in his suit.**
How often does your boss have dinner in his suit?	**My boss sometimes has dinner in his suit.**

¡Ojo! En el presente simple los adverbios de frecuencia, tales como *"usually"* o *"sometimes"*, se colocan **antes** del verbo principal de una frase o **después** del verbo *"to be"**.

* Y después de los verbos auxiliares.

How often does Sue play the piano?	**Sue sometimes plays the piano.**

¡Te lo repetiremos hasta que no puedas con nosotros! Cuando hablamos en presente simple es esencial añadir una **'s'** al verbo básico si nos referimos a la tercera persona del singular, es decir, cuando empleamos los sujetos *"he"*, *"she"* o *"it"*.

How often does he play rugby?	**He sometimes plays rugby.**
How often does she play football?	**She sometimes plays football.**

Centrémonos ahora en una lista de traducción. Tapa la columna de la derecha, e intentando seguir el mismo ritmo que llevan en el audio, traduce al inglés todas las frases en voz alta. ¡Pero ojo! No todos los verbos aquí deben acabar en 's'. ¡Todo depende de si estamos hablando de ***"he"***, ***"she"*** e ***"it"*** o no!

A veces trabajamos los sábados.	**We sometimes work on Saturday.**
A veces trabaja los sábados.	**He sometimes works on Saturday.**

Sí, somos muy pesados, pero no se te habrá olvidado la **'s'** al final de ***"works"*** en el último ejemplo, ¿verdad?

A veces estudio en la oficina.	**I sometimes study at the office.**
Ella a veces estudia en la oficina.	**She sometimes studies at the office.**

"Study", como todos los verbos que acaban en consonante seguida de **'y'**, termina en ***"-ies"*** cuando se trata de añadir la **'s'** de la tercera persona del singular. El ejemplo anterior no podría ser *"studys"*.

A veces ella trabaja los domingos.	**She sometimes works on Sunday.**
A veces él estudia los domingos.	**He sometimes studies on Sunday.**

Recuerda que los días de la semana se escriben con mayúscula en inglés.

PRONUNCIACIÓN...

La palabra que protagoniza este *Paso*, ***"always"***, se pronuncia **/óolueis/** y no /aluays/.

2

RECORDATORIO...

Recuerda que el verbo ***"to play"*** significa tanto **'tocar'** como **'jugar'**, de manera que puedes decir ***"I always play the guitar"*** (**'Siempre toco la guitarra'**) y ***"I always play football"*** (**'Siempre juego al fútbol'**). Además, ten en cuenta que NUNCA se dice *"I always play to football"* con la preposición *"to"*.

ERROR COMÚN...

Muchísimos estudiantes cometen el error de omitir la preposición ***"at"*** cuando quieren expresar **'mirar algo'** o **'mirar a alguien'**. Por ejemplo, se dice ***"She's always looking at me"*** y no *"she's always looking me"*.

¡Pon el CD!
Pista de audio
2

Gramática II

Adverbios de frecuencia: always

Acabamos de estudiar el adverbio de frecuencia *"sometimes"* (**'a veces'**), y ahora le toca el turno a *"always"*, que significa **'siempre'**.

Antes de ponernos a trabajar a fondo, queremos incidir en el hecho de que los adverbios de frecuencia se suelen colocar entre el sujeto y el verbo, de manera que nunca una frase podrá comenzar con *"always"*, como sí ocurre en castellano. Recuerda la estructura que ya te hemos presentado anteriormente:

Sujeto	+	adverbio de frecuencia	+	verbo
I	+	always	+	talk
you	+	always	+	talk
he	+	always	+	talks
she	+	always	+	talks
we	+	always	+	talk
you	+	always	+	talk
they	+	always	+	talk

¿Y cómo se pronuncia *"always"*? ¿No te has leído la página anterior?

Igual que ocurría en el primer *Paso* de esta entrega, en los siguientes ejemplos el profesor hará una serie de preguntas empleando la estructura *"How often...?"* (**'¿Con qué frecuencia...?'**), a las que el alumno deberá responder utilizando el adverbio *"always"*.

How often do you have breakfast in your pyjamas?	**I always have breakfast in my pyjamas.**

La pregunta de arriba significa **'¿Con qué frecuencia desayunas en pijama?'**.

How often do you study English on Sundays?	**I always study English on Sundays.**

How often does she work on Mondays?	**She always works on Mondays.**

Observa que las preguntas con la estructura *"How often...?"* emplean el auxiliar *"does"* cuando se trata de la tercera persona del singular, y *"do"* cuando se trata del resto de personas gramaticales.

How often does he have breakfast?	**He always has breakfast.**

How often do they play the guitar at the weekend?	**They always play the guitar at the weekend.**

"Guitar" se pronuncia **/ggguitttáaa/** y no /ggguitaaar/.

How often does she talk to them?	**She always talks to them.**

Ahora seguimos haciendo unas traducciones para perfeccionar tu uso de *"always"* en el presente simple. Algunos de estos ejemplos emplean el verbo *"to be"* y otros no, así que presta atención al lugar dónde tienes que colocar el adverbio.

¡Ella siempre está hablando!	**She's always talking!**

Recuerda que los adverbios de frecuencia se colocan **antes** del verbo principal de una frase o **después** del verbo *"to be"*.

¡(Él) Siempre habla de trabajo!	**He always talks about work!**

No se puede decir *"talk of"* aquí, ni se puede empezar ninguna frase con *"always"*.

Ella siempre está hablando de ti.	**She's always talking about you.**
¡(Él) Siempre me está mirando!	**He's always looking at me!**
¡(Ella) Siempre me mira!	**She always looks at me!**

En inglés solemos encadenar la **'s'** de *"looks"* con la **'a'** de *"at"*, de manera que trata de pronunciar *"looks at"* así: **/lúksssattt/**.

Siempre hace frío allí.	**It's always cold there.**

UNA CURIOSIDAD...

Si tienes la suerte de tener **'un estudio'** en tu casa, debes saber que en inglés a esta habitación la llamamos *"a study"*.

PRONUNCIACIÓN (I)

En el siguiente *Paso* ten en cuenta que pronunciamos *"every day"* como si se tratara de una sola palabra: **/evvvriidddéi/**, con el sonido de una **'v'** vibrada.

PRONUNCIACIÓN (II)

También recuerda que el término *"Russian"* (**'ruso'**) se pronuncia sin rastro de la 'i'; se dice **/ráashaannn/**.

¡Pon el CD
Pista de audi
3

Tu inglés dará un salto cualitativo cuando aceptes que estás hablando otro idioma y, por tanto, tendrás que aprender nuevos sonidos que no existen en tu lengua nativa. ¡Ánimo, tú puedes!

Pronunciación

Veamos cómo se pronuncia...

STUDY

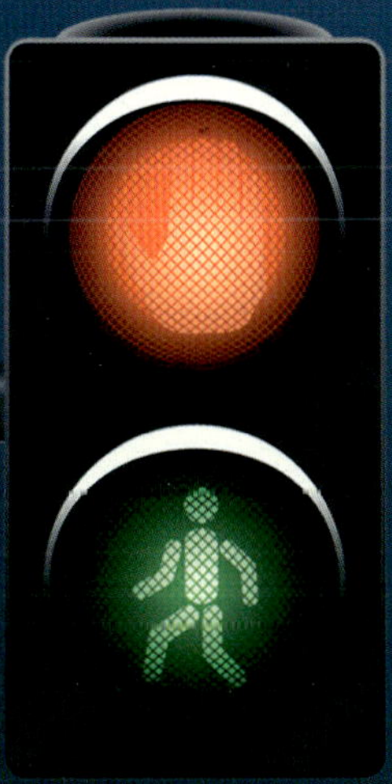

/estudii/

¡Prohibido pasar!

/ssstáadddii/

Ahora sí, ¡puedes pasar!

Ya hemos practicado anteriormente el uso del verbo *"to study"* (**'estudiar'**), pero en el *Paso* que nos ocupa vamos a hacer hincapié en su pronunciación correcta.

Para empezar, lo más obvio: te hemos recordado un sinfín de veces que en inglés si una palabra empieza por una **'s'** seguida de una consonante, nunca debes pronunciarla como si tuviera una **'e'** al principio. En nuestra transcripción fonética verás que esta palabra empieza por una **'s'** muy marcada: **/ssstáadddii/**. Asimismo, esfuérzate en pronunciar el primer sonido vocálico como si se tratase de una **'a'** alargada: **/aa/**, y no de una 'u' castellana.

Para terminar, decirte que el sonido de la **'d'** es distinto del que existe en castellano: nuestra **'d'** es más fuerte y explosiva, y se produce colocando la lengua en la parte superior del paladar y articulando un sonido algo parecido al de una **'t'**.

Vamos a empezar trabajando el uso de *"study"* en el presente simple. Estas frases hablan de la frecuencia con que distintas personas estudian, lo que nos da la oportunidad de repasar los adverbios de frecuencia que ya conoces: *"usually"* (**'normalmente'**), *"sometimes"* (**'a veces'**) y *"always"* (**'siempre'**), además de practicar una nueva expresión que te presentamos: *"every day"* (**'todos los días'**).

Estudio todos los días.	**I /ssstáadddii/ every day.**
Siempre estudio los miércoles.	**I always /ssstáadddii/ on Wednesdays.**

Recuerda que ***"Wednesday"*** suele pronunciarse solamente con dos sílabas: **/uénnnsdei/**.

Suelo estudiar los jueves.	**I usually study on Thursdays.**

En la entrega anterior vimos la pronunciación del adverbio ***"usually"***. Estás diciendo **/iúshalii/** y no /usualii/, ¿verdad?

(Ella) A veces estudia los martes.	**She sometimes studies on Tuesdays.**

Como sabes, al referirnos a una tercera persona del singular decimos ***"studies"*** en lugar de *"study"*. Recuerda que el sonido de las dos **'s'** que encuentras en esta palabra es distinto: la primera **'s'** es muy marcada, mientras que la segunda es vibrada: **/ssstáadddiis/**.

(Él) Estudia cada día.	**He studies every day.**
(Ella) Estudia los domingos.	**She studies on Sundays.**

Ahora nos centraremos en el presente continuo, lo cual implica el uso del gerundio *"studying"*, que se pronuncia **/ssstáadddii(y)in(g)/**.

(Él) está estudiando.	**He's studying.**
Estoy estudiando.	**I'm studying.**
¿Estás estudiando francés?	**Are you studying French?**

¿Cómo se dice en inglés **'¡(Ella) Siempre está hablando!'**?

"She's always talking!"

¿Están estudiando matemáticas?	**Are they studying math?**

En inglés británico no decimos *"math"* sino *"maths"*.

¿(Ella) Está estudiando ruso?	**Is she studying Russian?**
(Él) está estudiando medicina.	**He's studying medicine.**

"Medicine" se pronuncia **/médddsssinnn/**, en dos sílabas.

SABER ALGO MÁS...

Si **'una vez'** es *"once"* y **'dos veces'** es *"twice"*, ¿cómo se dirá **'tres veces'**? ¿*"Thrice"* **/zráisss/**? La respuesta es sí y no. La palabra *"thrice"* existe y significa **'tres veces'**, pero hoy en día se emplea mucho más *"three times"*, que veremos en detalle en la entrega de la semana que viene.

4

RECUERDA QUE...

Para indicar la frecuencia con la que algo sucede, después de ***"once"*** o ***"twice"*** podemos emplear ***"a week"*** o ***"per week"***, siendo la primera opción la más habitual.

PARA PROFUNDIZAR...

Cuando la frecuencia con la que hacemos algo es algo que ocurra **'cada día'**, **'cada semana'**, **'cada dos días'** o **'cada tres semanas'**, tenemos que usar la palabra *"every"*: "*every* ***day***", "*every* ***week***", "*every* ***two days***" o "*every* ***three weeks***".

¡Pon el CD
Pista de audio
4

Gramática III

Once & Twice

En *Pasos* anteriores hemos llegado a trabajar los adverbios de frecuencia *"usually"* (**'normalmente'**), *"sometimes"* (**'a veces'**) y *"always"* (**'siempre'**).

En este *Paso* vamos a seguir practicando estructuras que se refieren a la frecuencia con la que hacemos las cosas, pero en este caso te pediremos más precisión: queremos que indiques con exactitud la frecuencia a la que nos referimos, por ejemplo, **'una vez a la semana'**, **'dos veces a la semana'**, **'una vez al mes'**, etc.

Teniendo en cuenta que **'una vez'** se traduce como *"once"* y **'dos veces'** se traduce como *"twice"*, aprende las siguientes expresiones que te serán útiles para los próximos ejercicios.

una vez al día	once a day
una vez a la semana	once a week
una vez al mes	once a month
una vez al año	once a year
dos veces al día	twice a day
dos veces a la semana	twice a week
dos veces al mes	twice a month
dos veces al año	twice a year

Por si esto fuera poco, además de las estructuras de arriba, te vamos a presentar unos verbos nuevos para trabajar este *Paso*. Se trata de cuatro actividades que en inglés generalmente se expresan empleando el verbo *"to go"* acompañado de un gerundio.

ir de pesca	to go fishing
ir a nadar	to go swimming
ir de compras	to go shopping
esquiar	to go skiing

Empezamos con una traducción sencilla de las expresiones de frecuencia que hemos aprendido en la página anterior. Tapa la columna de la derecha y traduce los siguientes ejemplos en voz alta.

(Él) Va de pesca dos veces al año.	**He goes fishing twice a year.**

"Twice" se pronuncia **/tuáisss/**.

Voy al médico una vez al año.	**I go to the doctor once a year.**
(Ella) Va a esquiar dos veces al año.	**She goes skiing twice a year.**
Ellos van a hacer la compra dos veces por semana.	**They go grocery shopping twice a week.**
Vamos a nadar una vez al mes.	**We go swimming once a month.**
Ella va a comprar ropa una vez al mes.	**She goes clothes shopping once a month.**
Nos vamos de pesca una vez al mes.	**We go fishing once a month.**

Otros ejemplos en los que empleamos el verbo *"to go"* acompañado de gerundio son: *"to go hiking"* (**'ir de caminata'**), *"to go camping"* (**'ir de acampada'**), *"to go canoeing"* (**'ir en canoa'**), *"to go skating"* (**'ir a patinar'**), *"to go ten-pin bowling"* (**'ir a jugar a los bolos'**), *"to go hunting"* (**'ir de caza**), etc.

Ahora, según la indicación que aparece en las pastillas centrales, queremos que respondas a las siguientes preguntas señalando la frecuencia con la que haces las distintas actividades. Además, en este ejercicio repasaremos el uso de ***"usually"*** y ***"sometimes"***, adverbios que ya conoces.

How often do you go shopping in Barcelona?	normalmente	**I usually go shopping in Barcelona.**
Be more specific:	una vez a la semana	**I go shopping in Barcelona once a week.**

No es siempre incorrecto decir ***"one time"***, pero resulta mucho más correcto decir *"once"* como traducción de **'una vez'**. Se pronuncia **/uáansss/**.

How often does he go skiing?	a veces	**He sometimes goes skiing.**
Be more specific:	dos veces al año	**He goes skiing twice a year.**

Observa que la tercera persona del singular del verbo *"to go"* en presente simple es *"goes"*.

How often do they go swimming in the summer?	normalmente	**They usually go swimming in the summer.**
Be more specific:	dos veces por semana	**They go swimming twice a week.**

How often do we go fishing in the lake?	a veces	**We sometimes go fishing in the lake.**
Be more specific:	una vez al mes	**We go fishing in the lake once a month.**

SABER ALGO MÁS...

En este *Paso* te enseñaremos cómo decir ocho asignaturas en inglés. ¿Pero cómo se dice **'asignaturas'**? Pues decimos ***"subjects"***, una palabra que pronunciamos **/sáabchectsss/**.

ABREVIATURAS...

En el Reino Unido la abreviatura de ***"mathematics"*** es ***"maths"***, mientras que en Estados Unidos emplean el término ***"math"***.

UNA CURIOSIDAD...

En el Reino Unido y Estados Unidos no tenemos un examen de Selectividad como aquí. La entrada a la universidad depende de la media que has sacado en los exámenes del instituto: los ***"A levels"*** en el R.U. y el ***"GPA"*** en EE.UU. En muchos casos los candidatos se someten previamente a una entrevista individual en cada Universidad en la que han solicitado plaza. A los candidatos buenos se les puede hacer una 'oferta fácil' para quitarles presión a la hora de enfrentarse a sus exámenes.

¡Pon el CD!
Pista de audio
5

¡Ni se te ocurra saltarte este *Paso*! El vocabulario es una de las partes más esenciales y enriquecedoras a la hora de aprender un idioma. ¡Presta especial atención a la pronunciación!

Vocabulario

Asignaturas

psicología	**psychology**	**/saicólollii/**
física	**physics**	**/físicsss/**
matemáticas	**maths**	**/mázsss/**
química	**chemistry**	**/kémistri/**
geografía	**geography**	**/llíografi/**
biología	**biology**	**/baiólolli/**
historia	**history**	**/hhhístorii/**
lengua (inglesa)	**English**	**/ínglish/**

Nosotros, al igual que vosotros, en nuestros años de bachillerato estudiamos varias asignaturas que nos preparan para entrar en la universidad. En este *Paso* te presentamos el nombre de algunas de ellas.

Antes de empezar te queremos señalar que en el Reino Unido para hablar de las **'asignaturas'** que cursamos usamos la palabra ***"subjects"***, mientras que en los Estados Unidos es más probable que oigas a la gente emplear la palabra ***"classes"***.

Empezamos trabajando los nombres de las asignaturas típicas de bachillerato junto con el verbo *"to study"* en primera persona de singular. Recuerda que la pronunciación de la **'s'** inicial de *"study"* es importantísima: **/ssstáadddii/**.

Estudio química todos los días.	**I study chemistry every day.**
Estudio lengua (inglesa) dos veces a la semana.	**I study English twice a week.**

Nosotros denominamos *"English"* a secas a la asignatura en la que se estudia **'lengua y literatura inglesa'**.

Algunas veces estudio biología en el autobús.	**I sometimes study biology on the bus.**
Suelo estudiar historia con mi padre.	**I usually study history with my father.**

Ya te lo hemos dicho antes: recuerda que la asignatura de **'historia'** es *"history"*, pero si hablamos de **'una histora'**, **'un cuento'** o **'una anecdota'** debemos referirnos a una *"story"*, pronunciando dicha palabra con una **'s'** bien marcada al comienzo: **/ssstóori/**.

Estudio psicología dos veces a la semana.	**I study psychology twice a week.**
Siempre estudio matemáticas delante de la tele.	**I always study maths in front of the TV.**
Nunca estudio geografía.	**I never study geography.**

Ahora continuaremos practicando con la tercera persona del singular y el verbo *"to study"*. Recuerda que las dos **'s'** de *"studies"* tienen una pronunciación totalmente distinta: la primera es una **'s'** muy marcada, mientras que la segunda es una **'s'** vibrada: *"studies"* **/ssstáadddiis/**.

Él estudia química todos los días.	**He studies chemistry every day.**

No te dejes engañar por la **'ch'** al comienzo de *"chemistry"*. Esta palabra empieza con un sonido de **/k/** fuerte, similar al que vosotros articuláis cuando pronunciáis la palabra **'química'**: **/kémistri/**.

Ella estudia lengua (inglesa) dos veces a la semana.	**She studies English twice a week.**
Algunas veces él estudia biología en el autobús.	**He sometimes studies biology on the bus.**
Ella suele estudiar historia con su padre.	**She usually studies history with her father.**
Él estudia física dos veces a la semana.	**He studies physics twice a week.**
Ella siempre estudia mates delante de la tele.	**She always studies maths in front of the TV.**

Si decimos que alguien está *"in front of the TV"* (**'delante de la tele'**), nos estaremos refiriendo a que está *"watching TV"* (**'viendo la tele'**).

Él nunca estudia geografía.	**He never studies geography.**

RECORDATORIO...

En este *Paso* vamos a practicar con el presente simple, que se emplea para hablar de acciones habituales. Por ejemplo, *"I try to study every day"* (**'Intento estudiar todos los días'**).

UNA EXCEPCIÓN...

La palabra *"well"* pertenece al 5% de los adverbios que no se forman añadiendo **'ly'** al adjetivo. Significa **'bien'** o **'de manera correcta'**, y el adjetivo correspondiente sería *"good"*.

6

PRONUNCIACIÓN...

Uno de los verbos nuevos que te presentamos es el verbo *"to use"* (**'usar'**), que no se pronuncia /use/, sino /iús/.

¡Pon el CD!
Pista de audio
6

Gramática IV

To try to...

En este *Paso* te presentamos la expresión ***"to try to"*** que significa **'intentar'**. Es una estructura muy fácil de usar y aquí la practicaremos tanto en el presente simple como en el presente continuo.

Presente simple						
Sujeto	+	try	+	to	+	verbo

Presente continuo								
Sujeto	+	to be	+	trying	+	to	+	verbo

Pero antes de ponernos a trabajar, te presentamos otra lista con más verbos nuevos, además del verbo ***"to study"***, con los que vas a practicar en este *Paso*. ¡Nos encanta enseñarte vocabulario!

estudiar	to study	aprender	to learn
ayudar	to help	entender	to understand
comer	to eat	mejorar	to improve
usar / utilizar	to use	encontrar	to find
prestar atención	to pay attention	gastar	to spend

En el primer ejercicio te haremos una serie de preguntas a las que queremos que respondas afirmativamente empleando la estructura que nos ocupa. Por ejemplo, si te preguntamos *"Do you try to study every day?"* (**'¿Intentas estudiar todos los días?'**) esperamos que nos respondas, *"Yes, I try to study every day"* (**'Sí, intento estudiar todos los días'**).

Do you try to study every day?	**Yes, I try to study every day.**

Do you try to help your partner in the kitchen?	**Yes, I try to help my partner in the kitchen.**

"Partner" significa **'pareja'** o **'socio'**. Si queremos referirnos a las dos personas de una pareja, decimos *"couple"* (/**káapal**/).

Do you try to pay attention when you listen to the audio?	**Yes, I try to pay attention when I listen to the audio.**

Fíjate que en inglés decimos literalmente 'pagar atención' (*"to pay attention"*), en vez de **'prestar atención'**.

Do you try to eat healthily?	**Yes, I try to eat healthily.**

El 95% de los adverbios en inglés terminan en **"*-ly*"**. En este caso, el adverbio *"healthily"* /**hhhélzili**/ significa **'de forma sana'**.

Do you try to use your time well?	**Yes, I try to use my time well.**

Do you try to understand your neighbours?	**Yes, I try to understand my neighbours.**

Ahora machaquemos el presente continuo. Siguiendo la misma dinámica que antes, vamos a hacerte una serie de preguntas en este tiempo verbal a las que queremos que respondas afirmativamente. Te recordamos que para formar el presente continuo debemos colocar el verbo ***"to try"*** en gerundio (**'-ing'**) después del verbo ***"to be"***.

Are you trying to improve your pronunciation?	**Yes, I'm trying to improve my pronunciation.**

¡Esperamos que sí! Por cierto, el verbo ***"to improve"*** significa **'mejorar'** y se pronuncia **/imprúvvv/**.

Are you trying to find your pen?	**Yes, I'm trying to find my pen.**
Are you trying to spend less money?	**Yes, I'm trying to spend less money.**
Are you trying to use this structure correctly?	**Yes, I'm trying to use this structure correctly.**

La palabra ***"structure"*** (**'estructura'**), se pronuncia **/ssstráakcha/** en el Reino Unido y **/ssstráakchur/** en Estados Unidos.

Are you trying to pay attention?	**Yes, I'm trying to pay attention.**
Are you trying to study English?	**Yes, I'm trying to study English.**
Are you trying to do it well?	**Yes, I'm trying to do it well.**

SABER ALGO MÁS...

En ocasiones prescindimos del adjetivo ***"good"*** o ***"bad"*** cuando por el contexto es obvio si queremos decir que algo es bueno o malo. Por ejemplo decimos *"What a book!"* (**'¡Qué libro más bueno!'**) o *"What a day!"* (**'¡Qué día más malo!'**).

DIFERENCIAS CULTURALES...

Para referirnos a una **'película'**, en los Estados Unidos es más común emplear el término ***"movie"***, mientras que en Gran Bretaña es más frecuente usar *"film"*.

7

¿BUENO O MALO?

Si alquien te dice *"What a terrific film!"*, ¿estará diciendo que es una película buena o mala? Pues curiosamente el adjetivo ***"terrific"*** es siempre positivo en inglés. Así que *"What a terrific film!"* significa **'¡Qué película más maravillosa!'**.

Expresiones Básicas

WHAT A GOOD...!
/uótttaguddd/
¡Qué... más bueno!

Ésta es nuestra forma de expresar que algo nos encanta. Por ejemplo, una frase como **'¡Qué película más buena!'** se traduciría *"What a good film!"*. Ojo con no colocar el sustantivo después de *"what"* como haríamos si tradujésemos literalmente del castellano.

"WHAT A BAD...!"
/uótttabaddd/
¡Qué... más malo!

Por el contrario, si en vez de ***"good"*** empleamos el adjetivo *"bad"*, querremos indicar que algo nos desagrada. Por ejemplo, **'¡Qué profesor más malo!'** sería *"What a bad teacher"*.

WHAT A GREAT/ TERRIBLE...!
/uótttagréittt//uótttatéribl/
¡Qué... más bueno/horroroso!

Finalmente, las dos expresiones que te presentamos aquí son otra forma de decir lo mismo que antes, pero de manera aún más enfática: *"What a great hotel!"* (**'¡Qué hotel tan maravilloso!'**) y *"What a terrible hotel!"* (**'¡Qué hotel más horroroso!'**)

Empezamos trabajando las estructuras ***"What a good...!"*** y ***"What a bad...!"***. Si quieres sonar como un auténtico nativo, debes poner cierto **énfasis** al pronunciar los adjetivos ***"good"*** y ***"bad"***. Escucha al profesor en el audio e intenta imitar la entonación que le da él a estas expresiones.

¡Qué profesora más buena!	**What a good teacher!**
¡Qué alumno más bueno!	**What a good student!**

¿Cómo se dice **'Él está estudiando medicina'**?

"He's studying medicine"

¡Qué libro más bueno!	**What a good book!**
¡Qué película más mala!	**What a bad film!**
¡Qué actor más malo!	**What a bad actor!**

Si te quieres referir al género femenino tendrás que decir ***"actress"***, aunque algunos nativos dicen también ***"actor"*** cuando se trata de una **'actriz'**.

¡Qué vino más malo!	**What a bad wine!**

¡Traduce todas estas frases en menos de 15 segundos!

Ahora practiquemos las versiones más exageradas, así que si antes te dijimos que debías hacer énfasis en la entonación de ciertas palabras para sonar como un nativo, ¡ahora tendrás que hacer todo un drama!

¡Qué coche más bueno!	**What a great car!**
¡Qué chiste más terrible!	**What a terrible joke!**
¡Qué cocina más estupenda!	**What a great kitchen!**
¡Qué vestido más horroroso!	**What a terrible dress!**
¡Qué Navidad más estupenda!	**What a great Christmas!**
¡Qué Universidad tan terrible!	**What a terrible university!**

MINI TEST

Elige entre las siguientes respuestas la forma correcta de decir **'Voy al médico una vez al año'**?

a) I go to the doctor once a year.

b) I go to doctor once in the year

c) I go to the doctor once in the year.

Respuesta: la a)

SABER ALGO MÁS (I)

Otras formas de decir *"at the moment"* (**'en este momento'**) podrían ser: *"right now"*, *"currently"* o *"at present"*. Todas significan lo mismo.

SABER ALGO MÁS (II)

Si en lugar de hablar del presente hablamos del pasado y queremos expresar qué era lo que ocurría en un determinado momento, usaremos la expresión *"at the time"* (**'en ese momento'**).

8

PRONUNCIACIÓN...

La pronunciación de *"moment"* tiene más sonidos vocálicos de lo que aparenta, y además la **'t'** final ha de sonar perfectamente para que se entienda de qué hablas: **/móumenttt/**.

¡Pon el CD
Pista de audio
8

Error Común
¡No des un paso en falso!

At the moment

Correcto:	**At the moment**
Incorrecto:	**In this moment**

Usamos la expresión ***"At the moment"*** cuando queremos hacer referencia a cosas que están sucediendo en este mismo momento. Aunque en castellano digamos **'en este momento'**, no debes caer en la tentación de hacer la traducción directa del castellano al inglés y decir *"in this moment"*. ¡La preposición que empleamos en inglés es ***"at"***!

Para realizar este ejercicio primero familiarízate con los ejemplos y con el audio. Después tapa la columna de la derecha y traduce los siguientes ejemplos en voz alta, poniendo especial atención en emplear la preposición *"at"* cuando quieras traducir la estructura **'en este momento'**.

En este momento (él) está en una reunión.	**At the moment, he's in a meeting.**
En este momento (ella) está liada.	**At the moment, she's tied up.**

"To be tied up" literalmente significa **'estar atado'**, pero lo usamos metafóricamente para expresar que estamos **'ocupados'** o **'liados'**.

En este momento no estoy disponible.	**At the moment, I'm unavailable.**
En este momento no estamos en la ciudad.	**At the moment, we're out of town.**
En este momento Nick está al teléfono.	**At the moment, Nick's on the phone.**
En este momento Marta no está en la oficina.	**At the moment, Marta's out of the office.**

¿Cómo se dice en inglés **'Algunas veces él estudia biología en el autobús'**?

"He sometimes studies biology on the bus"

En este momento no estoy en casa.	**At the moment, I'm not at home.**

En los ejercicios de la página anterior practicamos la expresión *"at the moment"* con frases en presente simple. Ahora vamos a ver cómo te desenvuelves con el presente continuo.

En este momento están entrevistando a uno de los candidatos.	**At the moment, they're interviewing one of the candidates.**
En este momento Anna está preparando la tarta para la fiesta de mañana.	**At the moment, Anna's preparing the cake for tomorrow's party.**

Cuando nos referimos a **'hacer una tarta'** podemos expresar tanto ***"to prepare a cake"*** como ***"to make a cake"***. Lo que sonaría fatal es *"to do a cake"*.

En este momento Pam y Stella están viajando desde Nueva Delhi a Mumbai.	**At the moment, Pam and Stella are travelling from New Delhi to Mumbai.**
En este momento Lucinda está haciendo una foto.	**At the moment, Lucinda's taking a picture.**
En este momento Carlos y Annie están pintando su cuarto de estar.	**At the moment, Carlos and Annie are painting their living room.**
En este momento Martín está aparcando su coche.	**At the moment, Martín's parking his car.**
En este momento Kevin está contestando sus e-mails.	**At the moment, Kevin's answering his emails.**

La pronunciación del verbo ***"to answer"*** es **/áaansssaa/**, y cuando lo usamos empleando el gerundio decimos **/áaanssserin(g)/**.

UN CONSEJO...

En esta ocasión vamos a volver a utilizar los números ordinales para decir las fechas en inglés. Pero primero, te recomendamos que des marcha atrás y repases el *Paso* sobre números ordinales que vimos en el libro **7**.

9

ERROR COMÚN...

Bajo ningún concepto debes utilizar los números cardinales cuando expreses las fechas en inglés. Nunca decimos *"the six of November"*, sino ***"the sixth of November"***.

PRONUNCIACIÓN...

Sabemos que a veces tienes problemas a la hora de pronunciar determinados meses. Recuerda que **'febrero'** es **/febiurii/** y **'agosto'** es **/óogaasttt/**. Este ejercicio te ayudará a repasar la pronunciación del resto de meses del año.

¡Pon el CD
Pista de audi
9

Números... ¡A paso ligero!

Las fechas

Ya vimos en la entrega **11** cómo expresar las fechas en inglés. No obstante, queremos refrescarte la memoria en este *Paso*, en el que haremos un dictado incluyendo los años también.

Recuerda que hay dos formas para referirnos a las fechas en inglés: la del Reino Unido y la de Estados Unidos. Fíjate en la siguiente tabla:

En el Reino Unido: *"the"* **+ número ordinal +** *"of"* **+ mes + año**	**En Estados Unidos:** **mes + número ordinal + año**
The fourth of July, 1999	July fourth, 1999

Comenzaremos trabajando la forma británica. Recuerda que en este caso para expresar **'el uno de enero'** decimos ***"the first of January"***, literalmente 'el primero de enero', y a continuación el año en cuestión. ¡Vamos a por otros ejemplos! Tapando la columna de la derecha trata de decir las siguientes fechas a un ritmo similar al que llevan profesor y alumno en el áudio.

15/05/2003	**The fifteenth of May, two thousand and three.**

Los números ordinales (salvo los tres primeros: ***"first"***, ***"second"*** y ***"third"***) terminan en **'-th'**. Eso significa que tienes que sacar la lengua al pronunciarlos.

29/09/1999	**The twenty-ninth of September, nineteen ninety-nine.**
03/10/2001	**The third of October, two thousand and one.**
10/01/1995	**The tenth of January, nineteen ninety-five.**
22/04/1990	**The twenty-second of April, nineteen ninety.**
05/06/2005	**The fifth of June, two thousand and five.**
25/07/2012	**The twenty-fifth of July, two thousand and twelve.**

Como ya te hemos explicado, existen dos formas de decir los años a partir del año 2010. En el anterior ejemplo podríamos haber dicho *"twenty twelve"* en lugar de *"two thousand and twelve"*.

Ahora vamos a practicar el formato americano. Recuerda que en este caso invertimos el orden y decimos primero el mes seguido del día. Es decir, **'el primero de enero'** sería *"January first"*. Este orden también se observa al escribir las fechas con números en Estados Unidos: primero va el mes, seguido del día y finalmente del año.

12/11/1978	**December eleventh, nineteen seventy-eight.**

¿Cómo se dice en inglés **'Ella siempre está hablando de ti'**?

"She's always talking about you"

01/06/2009	**January sixth, two thousand and nine.**
08/22/2000	**August twenty-second, two thousand.**
12/10/1991	**December tenth, nineteen ninety-one.**
03/14/2007	**March fourteenth, two thousand and seven.**
10/20/1965	**October twentieth, nineteen sixty-five.**
04/15/2013	**April fifteenth, two thousand and thirteen.**

Te proponemos que vuelvas al comienzo de esta página y digas, siempre en voz alta, todos los ejemplos en ambos formatos. ¡Intenta hacerlo en menos de 80 segundos y sin pestañear!

NO OLVIDES QUE...

Los adverbios de frecuencia (por ejemplo, *"sometimes"* y *"always"*) se colocan justo antes del verbo principal de una frase, a no ser que dicho verbo sea *"to be"*, en cuyo caso se colocan justo después del verbo.

10

RECUERDA QUE...

Cuando queremos expresar **'una vez'** o **'dos veces'** empleamos las formas *"once"* y *"twice"* respectivamente. Sería un error decir *"one time"* o *"two times"*.

ESFUÉRZATE EN...

Pronunciar la palabra *"study"* correctamente: **/ssstáadddii/**, marcando bien la **'s'** del principio y pronunciando la **'u'** como si en realidad se tratase de una **'a'** bastante larga.

¡Pon el CD!
Pista de audio
10

¡Ha llegado la hora del test final! El repaso es la clave del éxito y nunca lo podemos olvidar. ¿Has logrado hacerte con todas las palabras, estructuras y sonidos de esta entrega? No sólo se trata de entenderlas, sino también de reproducirlas con confianza y soltura.

¡El rePaso!

A veces trabajamos los sábados.	**We sometimes work on Saturday.**
A veces (él) trabaja los sábados.	**He sometimes works on Saturday.**
A veces estudio en la oficina.	**I sometimes study at the office.**
¡(Él) Siempre me está mirando!	**He's always looking at me!**
¡(Ella) Siempre me mira!	**She always looks at me!**
Siempre hace frío allí.	**It's always cold there.**
Estudio cada día.	**I study /ssstáadddii/ every day.**

Suelo estudiar los jueves.	**I usually study /ssstáadddii/ on Thursdays.**
¿Estás estudiando francés?	**Are you studying /ssstáadddii(y)in(g)/ French?**
(Ella) Va a esquiar dos veces al año.	**She goes skiing twice a year.**
Ella va a comprar ropa una vez al mes.	**She goes clothes shopping once a month.**
Estudio química todos los días.	**I study chemistry every day.**
Ella estudia lengua (inglesa) dos veces a la semana.	**She studies English twice a week.**
Él estudia física dos veces a la semana.	**He studies physics twice a week.**

Responde en afirmativo a las siguientes preguntas:

Do you try to use your time well?	**Yes, I try to use my time well.**
Are you trying to use this structure correctly?	**Yes, I'm trying to use this structure correctly.**
Are you trying to pay attention?	**Yes, I'm trying to pay attention.**

¡Qué alumno más bueno!	What a good **student!**
¡Qué película más mala!	What a bad **film!**
¡Qué chiste más terrible!	What a terrible **joke!**
En este momento no estoy disponible.	At the moment**, I'm unavailable.**
En este momento Anna está preparando la tarta para la fiesta de mañana.	At the moment**, Anna's preparing the cake for tomorrow's party.**

Di esta fecha en inglés británico:

03/10/2001	The third of October, two thousand and one.

Di esta fecha en inglés americano:

12/10/1991	December tenth, nineteen ninety-one.

¡No te engañes! Si no dedicas un mínimo de **20 minutos al día** para repasar y afianzar los conocimientos que te acabamos de enseñar, habrás perdido tu tiempo. El éxito para aprender un idioma depende sólo de una cosa: del esfuerzo continuo del alumno.

nivel

intermedio

La liebre y la tortuga (I)

O la importancia de la constancia.

Tal y como cuenta la fábula, dos amigas, la tortuga y la liebre, decidieron hacer una carrera entre ellas. Como era de esperar, salió pitando la liebre dejando muy atrás a su amiga la tortuga, quien mantenía un ritmo bastante más modesto. Alrededor de la mitad de la carrera, al ver que disponía de un margen tan grande, la liebre decidió descansar un rato. Se permitió el lujo de dormirse en dos ocasiones, pero se dio cuenta de su error cuando, al llegar a la meta, vio a su amiga la tortuga cruzándola delante de sus propios ojos.

Moraleja: es mejor aplicarse de forma constante, que por rachas frenéticas seguidas de largos periodos de ocio.

Podemos decir que lo mismo sucede cuando se trata de aprender un idioma.

Lo que vas a ver en el nivel intermedio...

1

Empezamos enseñándote el uso de las estructuras ***"more than..."*** (**'más... que'**) y ***"less than..."*** (**'menos... que'**).

2

Trabajamos la expresión ***"to have too much on your plate"*** (**'estar muy ocupado'**).

3

Aprenderás el uso y la correcta pronunciación de la palabra ***"fewer"*** (**'menos'**).

4

Practicarás el *phrasal verb* ***"to make something up"*** cuando su significado es **'inventar algo'**.

5

Te enseñamos ocho palabras de vocabulario relacionadas con distintas **disciplinas o ramas universitarias.**

6

Trabajamos el estilo indirecto con ***"whose"***.

7

Te ponemos a prueba con los verbos irregulares: ***"to throw"***, ***"to drive"*** y ***"to ring"***.

8

Nos centramos en nuestro ejercicio de **comprensión auditiva** que te ayudará a afinar el oído.

9

¡***"Fiver"*** & ***"Tenner"***! Dos términos coloquiales que empleamos cuando hablamos de dinero.

10

El **rePaso**.

ERROR COMÚN...

Queremos hacer especial hincapié en la confusión en la que caen muchísimos alumnos al emplear *"that"* en lugar de *"than"* en el tipo de estructuras que vamos a ver en este *Paso*. ¡No seas tú uno de ellos! Se dice: *"more... than"* (**'más... que'**) y *"less... than"* (**'menos... que'**).

SABER ALGO MÁS...

Aunque lo veremos en el *Paso 3*, te adelantamos que para decir **'menos... que'** cuando nos referimos a sustantivos contables empleamos la expresión *"fewer... than"* en lugar de *"less than"*.

1

RECORDATORIO...

Recuerda que para expresar **'hay tanto... como'** o **'hay tantos... como'** tienes que usar las estructuras *"as much... as"* o *"as many... as"* que trabajamos en entregas anteriores.

¡Pon el CD!
Pista de audio
11

Gramática I

More than y less than

En entregas anteriores ya hemos comparado cantidades empleando las expresiones *"as much... as"* (**'tanto... como'**), cuando nos referíamos a sustantivos incontables, o *"as many... as"* (**'tantos... como'**), cuando hablábamos de sustantivos contables.

En este *Paso* aprenderemos a hacer comparaciones entre cantidades desiguales: usamos la estructura *"more... than"* (**'más... que'**) cuando comparamos tanto **sustantivos contables como incontables**, y *"less... than"* (**'menos... que'**) cuando comparamos sustantivos incontables.

	más... que
sustantivos incontables	more sugar than
sustantivos contables	more cars than

	menos... que
sustantivos incontables	less sugar than

Empezamos con unas traducciones que incluyen la estructura *"more... than"* (**'más... que'**). Como acabamos de ver, la empleamos tanto para referirnos a sustantivos contables como incontables. Tapando la columna de la derecha intenta traducir las siguientes frases:

Necesito más tiempo de lo que me estás dando para acabar el informe.	**I need more time than you're giving me to finish the report.**

Recuerda que la **'r'** y la **'e'** al final de *"more"* son totalmente mudas: /móo/.

Cometes más errores que tu hermana cuando hablas rápido.	**You make more mistakes than your sister when you speak quickly.**
El inglés tiene más palabras que el español.	**English has more words than Spanish.**
¿Necesitáis más dinero que éste para hacer la compra?	**Do you need more money than this to do the shopping?**

Como bien sabe cualquier contable, el **'dinero'** se puede contar, pero te lo repetimos una vez más: ¡desde un punto de vista gramatical el **'dinero'** en inglés se considera **incontable**! No puedes decir 'un dinero', 'dos dineros', 'tres dineros'... etc. Lo que sí que puedes contar, en cambio, son los euros o los dólares.

Ha habido más lluvia este año que el año pasado.	**There has been more rain this year than last year.**
Ella lee más libros que él.	**She reads more books than he does.**
Hay más gente en Inglaterra que en España.	**There are more people in England than in Spain.**

Vamos ahora con unos ejemplos para trabajar ***"less... than"*** (**'menos... que'**). Recuerda que sólo usamos esta expresión cuando hablamos de **sustantivos incontables**. En el *Paso 3* de esta entrega veremos que, por el contrario, cuando nos referimos a **sustantivos contables** usamos ***"fewer than"***.

Steve Jobs tenía menos dinero que Bill Gates.	**Steve Jobs had less money than Bill Gates.**
Zapatero tenía menos poder que Bush.	**Zapatero had less power than Bush.**
Tengo menos influencia que mi jefe.	**I have less influence than my boss.**

Los **sustantivos incontables** abarcan conceptos abstractos (**'poder'**, *"power"*), líquidos (**'agua'**, *"water"*), y sustancias compuestas de partes que no podemos contar (**'azúcar'**, *"sugar"*).

¿Por qué gano menos dinero que los hombres aquí?	**Why do I earn less money than the men here?**
Hay menos ruido en el campo que en las ciudades.	**There's less noise in the country than in cities.**
Deberías beber menos alcohol de lo que bebes.	**You should drink less alcohol (than you do).**
Debería fumar menos de lo que fumo.	**I should smoke less (than I do).**

En inglés, al igual que en castellano, cuando hablamos de un hábito que quisiéramos hacer más o menos, no hace falta decir la coletilla final que te señalamos arriba entre paréntesis. Otro ejemplo sería: ***"I want to do more excercise** (than I do)**"*** (**'Quiero hacer más ejercicio** (del que hago)**'**). Tanto en los dos casos de arriba como en el que te acabamos de presentar ese final de oración es superfluo.

SABER ALGO MÁS (I)

Otra expresión sinónima de la que vamos a tratar en este *Paso* es ***"I'm very busy"*** (**'Estoy muy ocupado'**).

SABER ALGO MÁS (II)

Igualmente, los nativos utilizamos la expresión ***"to have too much on"***, que podemos traducir como **'tener demasiado encima'**, para dar a entender que estamos muy ocupados.

SABER ALGO MÁS (III)

En este *Paso* aparece la expresión ***"I'm out"***, que empleamos cuando queremos expresar que **'no nos apuntamos a un plan'**. ¿Qué diremos entonces cuando queremos decir lo contrario, es decir, que **'sí nos apuntamos a un plan'**? ¡Pues claro! ***"I'm in!"***, que literalmente significa '¡estoy dentro!'.

¡Pon el CD!
Pista de audio
12

Expresión de la Semana

TO HAVE TOO MUCH ON YOUR PLATE

/tu_hhhávvv_ tuu_máach _on_ióo_pléittt/

estar muy ocupado/a

Recuerdas que en el libro **16** vimos la expresión *"too much"*, ¿no? Significa **'demasiado'** y la usamos cuando hablamos de sustantivos no contables, por ejemplo, *"too much work"* (**'demasiado trabajo'**). Si traducimos literalmente la expresión *"to have too much on your plate"*, obtenemos 'tener demasiado en tu plato'. No obstante, esta expresión tiene un sentido metafórico, que empleamos para dar entender que **'estamos muy ocupados y no podemos atender otras tareas'**.

Vamos con unos cuantos ejemplos que incluyen la expresión que nos ocupa. Primero familiarízate con ella y después trata de traducir todos los ejemplos tapando las respuestas.

Tengo mucho trabajo, estoy muy ocupado.	**I have too much work, I have too much on my plate.**
Estás muy ocupada, ¿puedo ayudar?	**You have too much on your plate; can I help?**

¡Cuidado con las preposiciones! Sería incorrecto decir *"you have too much in your plate"*, ya que debemos utilizar la preposición ***"on"***: ***"you have too much on your plate"***.

No puedo ir al teatro, estoy muy ocupado.	**I can't go to the theatre, I have too much on my plate.**
No me puedo ir de vacaciones, estoy demasiado ocupado.	**I can't go on holiday; I have too much on my plate.**
No podré terminar el informe hoy, estoy muy ocupado.	**I won't be able to finish the report today, I have too much on my plate.**
Lo siento, llegaré tarde, estoy muy ocupado.	**Sorry, I'll be late, I have too much on my plate.**
Necesito tu ayuda, y no me digas que estás muy ocupado.	**I need your help, and don't tell me that you have too much on your plate.**

En este caso, vamos a traducir una lista de frases en las que determinadas personas se excusan diciendo que están muy ocupadas. Para ello utilizaremos el estilo indirecto. ¿Estás listo? ¡A por ello!

Dijeron que estaban muy ocupados.	**They said they had too much on their plate.**

Otra forma de decir lo mismo sería *"They said they were too busy"*.

John no puede hacer frente a todo este trabajo; dijo que está muy ocupado.	**John can't cope with all that work; he said he has too much on his plate.**
Mi hermano se quedó en la oficina hasta las 12. Dijo que estaba muy ocupado.	**My brother stayed in the office until 12. He said he had too much on his plate.**
No contéis conmigo, dije que estaba muy ocupado.	**I'm out, I said I had too much on my plate.**

Cuando queremos decir que **'no nos apuntamos a un plan'**, en inglés expresamos literalmente que **'estamos fuera'** (*"I'm out"*).

Ella no me pudo mandar los documentos, dijo que estaba muy ocupada.	**She couldn't send me the documents; she said she had too much on her plate.**
Yo lo haré, él dijo que está muy ocupado.	**I'll do it, he said he has too much on his plate.**

MINI TEST

De todas las opciones elige la respuesta que signifique **'Ella lee más libros que él'**.

a) She reads less books than he does.
b) She read more books than he do.
c) She reads more books than he does.

Respuesta: c)

SABER ALGO MÁS...

"Fewer" es la forma comparativa del adjetivo *"few"* (**'pocos /pocas'**). En inglés, al igual que en castellano, cuando necesitamos decir de forma ambigua que había o teníamos una cantidad sin especificar de cosas decimos: *"a few"* (**'unos pocos'**).

UNA CURIOSIDAD...

Cuando los angloparlantes necesitamos una palabra onomatopéyica para describir alivio, no decimos **'ufff'** sino *"phew"*, que suena exactamente igual que *"few"* (**'pocos /pocas'**): /fíiu/.

3

RECORDATORIO...

Recuerda que para decir **'más... que'**, tanto con sustantivos contables como incontables, empleamos *"more... than"*.

¡Pon el CD!
Pista de audio
13

A una persona con una gran pronunciación se le atribuye generalmente un muy buen nivel de inglés. ¡No seas una de esas personas que sabe mucha gramática pero no se le entiende nada!

Pronunciación

Veamos cómo se pronuncia...

FEWER

/fiuerr/

Dirección equivocada

/fiúaa/

Camino correcto

En el *Paso 1* vimos que usamos la estructura *"less... than"* para expresar **'menos... que'** cuando nos referimos a sustantivos incontables (agua, tinta, espacio): ***"There is less space in my house than in your house"*** (**'Hay menos espacio en mi casa que en tu casa'**).

¿Pero qué ocurre cuando nos referimos a sustantivos contables? Pues que empleamos la estructura *"fewer... than"*: ***"There are fewer people in Spain than in China"*** (**'Hay menos gente es España que en China'**).

	menos... que
sustantivos incontables	less **sugar** than
sustantivos contables	fewer **cars** than

Con respecto a la pronunciación de *"fewer"* cabe señalar que es mucho más sutil de cómo la soléis pronunciar los no nativos. Al igual que la mayor parte de las palabras que terminan en **'r'**, ésta se pronuncia con el sonido de una **'a'** alargada al final: /fiúaa/.

Trabaja los siguientes ejemplos en voz alta, asegurándote de pronunciar *"fewer"* tal y como te indicamos en la introducción de ese *Paso*: **/fiúaa/**.

Hay menos jugadores en un equipo de baloncesto que en un equipo de fútbol.	**There are fewer players in a basketball team than a football team.**
Los adultos necesitan menos horas de sueño que los bebés.	**Adults need fewer hours of sleep than babies.**
¿Por qué hay menos mujeres que hombres en la política?	**Why are there fewer women than men in politics?**
Murió menos gente en la Primera Guerra Mundial que en la Segunda.	**Fewer people died in the First World War than in the Second.**

En inglés, al igual que en castellano, el sustantivo **'personas'** es un sustantivo contable – ***"one person"***, ***"two people"***, ***"three people"***, etc. – así que cuando queramos hablar de **'menos personas/gente que...'** tendremos que decir ***"fewer people than..."*** y no *"less people than..."*.

'Más' tiene menos letras que 'menos'.	**"More" has fewer letters than "fewer".**

Te será reconfortante saber que muchísimos angloparlantes nativos se equivocan con esta estructura, y emplea *"less... than"* con sustantivos contables en lugar de ***"fewer... than"***. ¡Pero esto no puede servirte como excusa para que no aprendas esta expresión bien!

He visitado menos países que una azafata de vuelo.	**I've visited fewer countries than an air stewardess.**
Inglaterra ha ganado menos Mundiales que Italia.	**England has won fewer World Cups than Italy.**

Seguimos con más ejemplos para practicar la pronunciación de *"fewer"*, y recuerda también un aspecto importante: al emplear esta expresión no debes confundir el uso de *"than"* con *"that"* como hacen muchos alumnos. Trabaja con el audio intentando llevar el mismo ritmo que profesor y alumno.

Una mosca tiene menos patas que una araña.	**A fly has fewer legs than a spider.**

Aunque en castellano tenemos dos palabras para diferenciar entre las **'piernas'** que tienen los humanos y las **'patas'** que tienen los animales y los insectos, en inglés sólo tenemos una: *"legs"*. ¿Y cómo se llamarán las **'patas'** de los muebles? ¡*"Legs"* también!

La gente en Europa tiene menos problemas que la gente en África.	**People in Europe have fewer problems than people in Africa.**
Hay menos mujeres que hombres en Alaska.	**There are fewer women than men in Alaska.**
Vi menos películas este año que el pasado.	**I saw fewer films this year than last year.**
Febrero tiene menos días que cualquier otro mes.	**February has fewer days than any other month.**

Ya te lo hemos dicho en anteriores ocasiones, pero insistimos en ello porque los alumnos no paran de cometer este error: tendéis a pronunciar el segundo mes del año acentuando la **'a'** (/februári/), cuando lo que se acentúa es la **'e'**. Se pronuncia: **/fébruari/**.

Menos chicas que chicos estudian Ingeniería.	**Fewer girls study Engineering than boys.**
Una sonrisa requiere menos músculos que un ceño fruncido.	**A smile requires fewer muscles than a frown.**

OTROS SIGNIFICADOS...

En este *Paso* vamos a practicar el verbo *"to make up"* en el sentido de **'inventarse algo'**. No obstante, como sustantivo *"make up"* significa **'maquillaje'**.

SABER ALGO MÁS..

También podemos emplear el *phrasal verb* *"to make up"* cuando queremos **'recuperar'** el tiempo perdido. Por ejemplo, *"to make up for lost time"* (**'recuperar el tiempo perdido'**).

4

PRONUNCIACIÓN...

En uno de los ejemplos aparece el sustantivo **'la verdad'** (*"the truth"*), así que debemos pronunciarlo de forma correcta: /trúzzz/.

¡Pon el CD
Pista de audi
14

Phrasal Verbs
¡Un paso más allá!

Hemos llegado a nuestro rincón favorito, el de los temidos *phrasal verbs*. Si te centras cada semana en un solo verbo compuesto, seguramente poco a poco empiecen a formar parte de tu vocabulario activo.

"to make something up"

Sin pensar mucho se nos ocurren cinco acepciones diferentes del verbo compuesto *"to make something up"*, y probablemente haya más. Hoy nos centraremos en la que significa **'inventarse algo'**. Por cierto, cuando hablamos de historias inventadas no empleamos el verbo *"to invent"*, ya que se trata de un verbo más apropiado para referirnos a la **'invención de cosas físicas'**.

Imaginemos, por ejemplo, que somos testigos de cómo alguien está contando una historia que no tiene que ver con la realidad. En esa situación diremos: *"he's making it up!"*, es decir, **'¡se lo está inventando!'**.

Vamos a practicar una serie de frases en inglés en las que utilizaremos el *phrasal verb* ***"to make something up"*** en el sentido de **'inventarse algo'**.

¡Te lo estás inventando sobre la marcha!	**You're making it up as you go along!**

Nuestra manera de decir **'sobre la marcha'** es ***"as X go along"***. Lo único que cambia es el sujeto y el verbo ***"to go"***. Por ejemplo: ***"as he goes along"***, ***"as they go along"***, ***"as I went along"***, etc.

¡No me puedo creer que te lo inventaras!	**I can't believe you made that up!**

Al escuchar el audio te darás cuenta de que solemos decir las palabras ***"making it up"*** como si fueran una. Los nativos pronunciamos **/méikinitáap/**.

¡Deja de inventarte cosas!	**Stop making things up!**

No me lo estoy inventando; ¡es verdad!	**I'm not making it up; it's true!**

En inglés decimos literalmente **'es verdadero'** (*"It's true"*). Decir *"It's truth"* está mal. Como mucho se puede decir ***"It's the truth"***, pero suena un poco forzado.

Tuve que inventármelo, no quise decirle a ella la verdad.	**I had to make it up; I didn't want to tell her the truth.**

Como habrás observado, el *phrasal verb* ***"to make something up"*** es separable, es decir, podemos insertar un sustantivo o un pronombre entre las palabras ***"make"*** y ***"up"***. ¡Seguimos practicando!

Albert se inventa unas historias muy graciosas.	**Albert makes up really funny stories.**
No te creo. ¡Te lo estás inventando!	**I don't believe you. You're making it up!**
Gary se inventó la historia de la actriz para hacer dinero rápido.	**Gary made up the story about the actress to make some fast cash.**
No puedo creer que él se inventara esa historia.	**I can't believe he made up that story.**

¿Cómo decimos en inglés **'No puedo ir al teatro, estoy muy ocupado'**?

"I can't go to the theatre; I have too much on my plate."

¡No les digas la verdad!¡Invéntatela!	**Don't tell them the truth! Make it up!**
Si no sabes qué decir a tu jefe, trata de inventártelo.	**If you don't know what to tell your boss, try to make it up.**
No me inventé la historia sobre el maquillaje.	**I didn't make up the story about the make up.**

Observa que en el ejemplo anterior hemos utilizado el verbo *"to make up"* y el sustantivo *"make up"* que significa **'maquillaje'**.

SABER ALGO MÁS...

En este *Paso* trabajaremos el término *"Nursing"* (**'Enfermería'**) y aprovechamos así la ocasión de enseñarte la expresión *"to nurse someone back to health"*, que significa **'cuidar a alguien hasta que se recupere'**.

PARA PROFUNDIZAR...

Si alguien cursa las disciplinas universitarias que nos ocupan en este *Paso* quizás su profesión acabe siendo *"an architect"* (**'un arquitecto'**), *"an engineer"* (**'un ingeniero'**), *"a nurse"* (**'una enfermera'**), *"an anthropologist"* (**'un antropólogo'**), o *"a lawyer"* (**'un abogado'**).

5

PRONUNCIACIÓN...

En la página siguiente te damos la transcripción fonética de *"Economics"*, pero antes de que empieces a trabajar con los ejemplos queremos destacar que la sílaba tónica en esta palabra recae sobre la tercera sílaba: **/ekonómmmiksss/.**

¡Pon el CD
Pista de audi
15

Tener un vocabulario amplio te va a ayudar a sentirte cómodo cuando tengas que expresarte en inglés. Te presentamos ahora ocho palabras imprescindibles. ¡Trabájalas hasta tener un total dominio de ellas!

Vocabulario

Disciplinas universitarias

Ingeniería	Engineering	/enchiníirin(g)/
Derecho	Law	/lóo/
Enfermería	Nursing	/néesssin(g)/
Arquitectura	Architecture	/áaakitekcha/
Antropología	Anthropology	/anzrapólochii/
Sociología	Sociology	/sousssiiólochii/
Economía	Economics	/ekonómmmiksss/
Medicina	Medicine	/médisssinnn/

Antes de empezar a trabajar el vocabulario que te presentamos esta semana sobre **'disciplinas universitarias'**, queremos incidir en una cuestión que es interesante, el hecho de que en los diversos países angloparlantes los sistemas de educación son muy distintos.

Por ejemplo, en Estados Unidos, muchas veces los alumnos empiezan estudiando una variedad de asignaturas (como **'matemáticas'**, **'literatura'**, etc.) durante dos años y después eligen un *"major"* o carrera universitaria. De modo que los estadounidenses dicen *"I have a major in Medicine"* o *"I majored in Economics"* (**'Soy licenciado en Medicina'** o **'Soy licenciado en Economía'**).

Por el contrario, en el sistema británico, desde el principio los alumnos eligen la carrera universitaria. En inglés británico es más común decir, por ejemplo, *"I studied Medicine"* o *"I have a degree in Economics"*.

En los siguientes ejemplos vamos a trabajar los verbos ***"to major in"*** y ***"to study"***. Si quieres profundizar más, puedes decir ***"to have a degree in"*** **+ disciplina de estudio**, en lugar de ***"to study"*** **+ disciplina de estudio**. Por ejemplo, la primera frase se convertiría en ***"I have a degree in Law"***.

Estudié Derecho.	**I studied Law.**
(Ella) Estudió Medicina.	**She studied Medicine.**
(Él) Estudió Antropología.	**He studied Anthropology.**

Al igual que sucede en castellano, el adjetivo **'antropológico'** en inglés es una auténtico trabalenguas: ***"anthropological"*** **/anzrapolóchigl/**.

¿Quieres estudiar Economía o Sociología?	**Do you want to major in Economics or Sociology?**
De hecho, (él) estudió Enfermería.	**Actually, he majored in Nursing.**

Recuerda que se puede decir también ***"He has a major in Nursing"***.

¿Dijiste que (él) estudió Arquitectura o Ingeniería?	**Did you say he majored in Architecture or Engineering?**

¡Hora de coger tu cronómetro! Traduce todas las frases de esta página en menos de 35 segundos. Es importante que aprendas a pronunciar bien cada una de las ramas o disciplinas universitarias que te damos, así que, por favor, ¡todos los ejemplos en voz alta!

Ahora vamos a por el repaso de unos *phrasal verbs* y estructuras que te deberían resultar familiares (¡si has estudiado bien todos los libros de este curso!). Tapa la columna de la derecha e intenta traducir todas las frases. No consideres que dominas este *Paso* hasta que no cometas ningún fallo.

¡(Él) No se presentó a su examen de Sociología!	**He didn't turn up to his Sociology exam!**
¡No me puedo creer que (ella) no se presentase a su examen de Economía!	**I can't believe she didn't show up to her Economics exam!**
Sólo me queda un examen de Antropología.	**I only have one Anthropology exam left.**
El examen de Arquitectura de Chris salió bien, pero el examen de Derecho de James salió mal.	**Chris' Architecture exam went well but James' Law exam went badly.**

No habrás dicho /lau/, ¿verdad? ***"Law"*** se pronuncia /lóo/.

Hubo un examen de Medicina a las tres y un examen de Sociología a las cinco.	**There was a Medicine exam at three and a Sociology exam at five.**
No había cursos de Enfermería en mi Universidad.	**There weren't any Nursing courses in my university.**

MINI TEST

Utiliza las palabras que te hagan falta para traducir la frase **'El inglés tiene más palabras que el español'**.

more | has | that | than | words | English | Spanish | the

Respuesta: ***"English has more words than Spanish".***

ERROR COMÚN...

En frases como **'No sé de quién es el libro'**, no emplees el artículo *"the"* y digas cosas como *"I don't know whose the book is it"*. La forma correcta es ***"I don't know whose book it is"***.

PRONUNCIACIÓN...

Recuerda que la palabra ***"whose"*** se pronuncia igual que ***"who's"***: **/hhhúus/**.

6

UN CONSEJO...

Si quieres sacarle más partido a este *Paso*, una vez que hayas hecho todas las traducciones, puedes volver a repetir todos los ejercicios diciendo ***"I'm not sure whose..."*** (**'no estoy seguro de quién...'**) en lugar de ***"I don't know whose..."***.

¡Pon el CD!
Pista de audio
16

Gramática II

Estilo indirecto con whose

En la entrega **14** (*Paso* 3) ya trabajamos el uso de *"whose"* cuando hacíamos preguntas con la estructura **'¿De quién...?'**. Te damos un par de ejemplos para refrescarte la memoria sobre cómo se formulaban:

¿De quién es esta casa?	**Whose house is this?**
¿De quién es esposa la mujer que conocimos el otro día?	**Whose wife did we meet the other day?**

En el *Paso* que nos ocupa, contestaremos a dichas preguntas empezando siempre con la estructura *"I don't know"*. Recuerda que en este tipo de frases la oración que contiene la palabra *"whose"* se convierte en una pregunta indirecta, por lo que después de *"whose"* **+ sustantivo** el orden a seguir siempre es **sujeto + verbo**. Más adelante veremos el estilo indirecto en más detalle.

en oraciones indirectas						
whose	+	**sustantivo**	+	**sujeto**	+	**verbo**

¿Estás preparado para ser bombardeado con nuestros ejemplos? Muchísimos alumnos cometen errores al expresar este tipo de estructuras, así que repasa este ejercicio cuantas veces sea necesario hasta no cometer fallos. Fíjate que aunque nos sirvamos de la preposición **'de'** en las frases en castellano, la palabra *"of"* no aparece en ninguna de las frases en inglés.

No sé de quién es el libro.	**I don't know whose book it is.**
No sé de quién son los bolígrafos.	**I don't know whose pens they are.**
No sé de quién es la casa.	**I don't know whose house it is.**

Volvemos a hacer hincapié en este punto: no se puede decir, por ejemplo, *"I don't know whose house is it"*. Hay que invertir el orden del sujeto y el verbo en este tipo de oración.

No sé de quién son las llaves del coche.	**I don't know whose car keys they are.**
No sé de quién es la pelota.	**I don't know whose ball it is.**

La pelota que se usa en un partido de fútbol se llama ***"a football"***, ¡igual que el deporte!

No sé de quién es el vaso.	**I don't know whose glass it is.**

Recuerda que ***"glass"*** significa tanto **'cristal'** como **'vaso'**.

Ahora queremos poner en práctica la misma estructura con el verbo principal en pasado simple.

No sé de quién es esposa la mujer que conocimos el otro día.	**I don't know whose wife we met the other day.**
No sé en casa de quién comimos.	**I don't know whose house we ate at.**
No sé de quién es el jardín en el que cayó la pelota de tenis.	**I don't know whose garden the tennis ball fell in.**
No sé de quién es el coche que robé.	**I don't know whose car I stole.**

Recuerda que el pasado simple del verbo ***"to steal"*** se pronuncia /ssstóul/.

No sé de quién eran las gafas de sol.	**I don't know whose sunglasses they were.**
No sé de quién fue la idea.	**I don't know whose idea it was.**
No sé de quién era la canción que cantó (él).	**I don't know whose song he sang.**

¿Cómo se dice en inglés **'inventarse algo'**?

"To make something up"

"TO DRIVE"

Un significado que quizás no conozcas del verbo *"to drive"* es **'motivar'**. Por ejemplo, *"Money drives him"* o *"He's driven by money"* (**'El dinero le motiva (a él)'**). Otra expresión con esta misma acepción podría ser *"She's very driven"* (**'Ella está muy motivada'** o **'Ella es muy ambiciosa'**).

"TO THROW UP"

Te vamos a enseñar un *phrasal verb* que, aunque es muy común y útil, habla de algo un poco desagradable, así que ¡por favor, perdónanos! El *phrasal verb* es *"to throw up"*, y significa **'vomitar'**. En el inglés cotidiano se usa algo más que *"to vomit"*.

7

"TO RING"

Además de **'llamar'**, el verbo *"to ring"* significa **'sonar'** cuando se trata de una campana o un timbre. Por ejemplo, *"the bell rang"* (**'el timbre sonó'**).

¡Pon el CD!
Pista de audio
17

¿Cómo se llega a dominar los verbos irregulares? Por supuesto que no debes limitarte a aprender la tabla de verbos de memoria. ¡Practícalos hasta la saciedad con los ejemplos que te damos en este *Paso* para adquirir la agilidad que necesitas!

Verbos Irregulares

"to throw" "to drive" "to ring"

Tirar	to throw /zróu/	threw /zruu/	thrown /zróunnn/
Conducir	to drive /dddráivvv/	drove /dddróuvvv/	driven /dddrívvvennn/
Llamar	to ring /rín(g)/	rang /rán(g)/	rung /ráan(g)/

Nuestro primer verbo, *"to throw"* (**'tirar'**/**'arrojar'**), suele presentar problemas a los estudiantes en lo que respecta a su pronunciación en el pasado. Para que lo recuerdes con mayor facilidad te diremos que *"threw"* se pronuncia igual que la preposición *"through"*: /zruu/.

Con respecto al verbo *"to drive"* (**'conducir'**), destacar que se puede usar sólo (como un verbo intransitivo), para decir, por ejemplo, *"I'm going to drive"* (**'Voy a conducir'**), o puede ir acompañado por un complemento (funcionando en este caso como verbo transitivo); por ejemplo, *"I drive a cheap car"* (**'Conduzco un coche barato'**) o *"She drove the kids to school"* (**'Ella llevó a los niños al colegio en coche'**).

Para terminar, el verbo *"to ring"* se suele emplear cuando queremos **'llamar (por teléfono)'**. Por ejemplo, *"I rang her yesterday"* (**'La llamé ayer'**). Tenemos otra opción, que sería utilizar el verbo *"to call"* para decir lo mismo.

Ok, *"you know the drill"* (**'sabes cómo va esto'**)... Empezaremos con la traducción de unas oraciones muy sencillas para practicar estos tres verbos en el presente y en pasado simple. Escucha el audio para hacerte con la pronunciación correcta de los mismos, e intentando seguir el ritmo que siguen profesor y alumno sin mirar las respuestas.

Todos los días llamo...	**Every day I ring...**
Ayer llamé...	**Yesterday I rang...**
Todos los días lanzo...	**Every day I throw...**
Ayer lancé...	**Yesterday I threw...**
Todos los días conduzco...	**Every day I drive...**

Recuerda que ***"a drive"*** o ***"a driveway"*** significa **'una entrada de coches (de una casa)'**.

Ayer conduje...	**Yesterday I drove...**

MINI TEST

¿Cuál de las siguientes frases es la traducción correcta de **'No sé de quién es la casa'**?

a) I don't know whose the house it is.

b) I don't know whose house is it

c) I don't know whose house it is.

Respuesta: c)

Vamos con unos ejemplos algo más complejos. Además, aprovecharemos la ocasión para consolidar el uso de *"yesterday evening"* (**'ayer por la tarde'**).

Ayer por la tarde Sally organizó una fiesta.	**Yesterday evening, Sally threw a party.**

Cuando empleamos el verbo *"to throw"* junto con *"a party"* significa **'organizar'**. Sin embargo, esta acepción no se utiliza con otros acontecimientos, como por ejemplo *"a meeting"*.

Ayer por la tarde ella me llamó dos veces.	**Yesterday evening, she rang me twice.**
Ayer por la tarde conduje a la estación una vez.	**Yesterday evening, I drove to the station once.**

¿Cómo se dice en inglés **'avanzar página/texto'** cuando nos referimos al ámbito informático?

"To scroll down"

¿Llamaste a Steph ayer por la tarde?	**Did you ring Steph yesterday evening?**
¿Llevaste a Kelly a casa en coche ayer por la tarde?	**Did you drive Kelly home yesterday evening?**

Es muy común utilizar la expresión *"to drive someone home"* cuando hablamos de **'llevar a alguien a casa en coche'**.

¿Organizaron una fiesta en su casa (de ellos) ayer por la tarde?	**Did they throw a party at their house yesterday evening?**

8

RECORDATORIO...

Recuerda que al igual que para referirnos a **'hoy'** decimos *"today"*, cuando queremos hablar de **'hoy por la noche'** también empleamos una palabra específica, *"tonight"*.

SABER ALGO MÁS...

En el texto de comprensión auditiva encontraremos un adjetivo que puede parecerte algo curioso. Se trata de *"hectic"* y se utiliza para describir una actividad o día **'ajetreado'**.

UNA CURIOSIDAD...

Cuando queremos que nos lleven a casa utilizamos el verbo *"to take"*, por ejemplo, *"they'll take me home"* (**'me llevarán a casa'**). En el texto, Paul exagera e imagina que le tendrán que llevar a casa **'en brazos'**, por eso utiliza el verbo *"to carry"* en el sentido de **'llevar a cuestas'**: *"they'll have to carry me home"*.

Comprensión Auditiva

Una de las claves del éxito para aprender cualquier idioma es la capacidad de entender y ser entendido. Si no tienes una buena comprensión auditiva del inglés, no podrás usarlo en el mundo real, lejos de la comodidad que proporcionan las aulas.

En este *Paso* te pondremos a prueba cada semana con la locución de un texto en inglés cotidiano. Primero, pon el audio y mientras lo escuchas, intenta contestar a las cinco preguntas de esta página. Después, en la página siguiente, lee dicho texto en inglés y las anotaciones que te ofrecemos. Si es necesario, vuelve a escuchar el audio y contesta cualquier pregunta que no hayas sabido responder antes. Para terminar, en la página **85** puedes encontrar la traducción del párrafo al castellano y las respuestas a las preguntas de abajo. ¡Compruébalas!

1. **How does Paul feel?**

2. **How has their day been?**

3. **Do they have any kind of plan for tonight?**

4. **Does Paul feel like going to the party?**

5. **When will the party finish?**

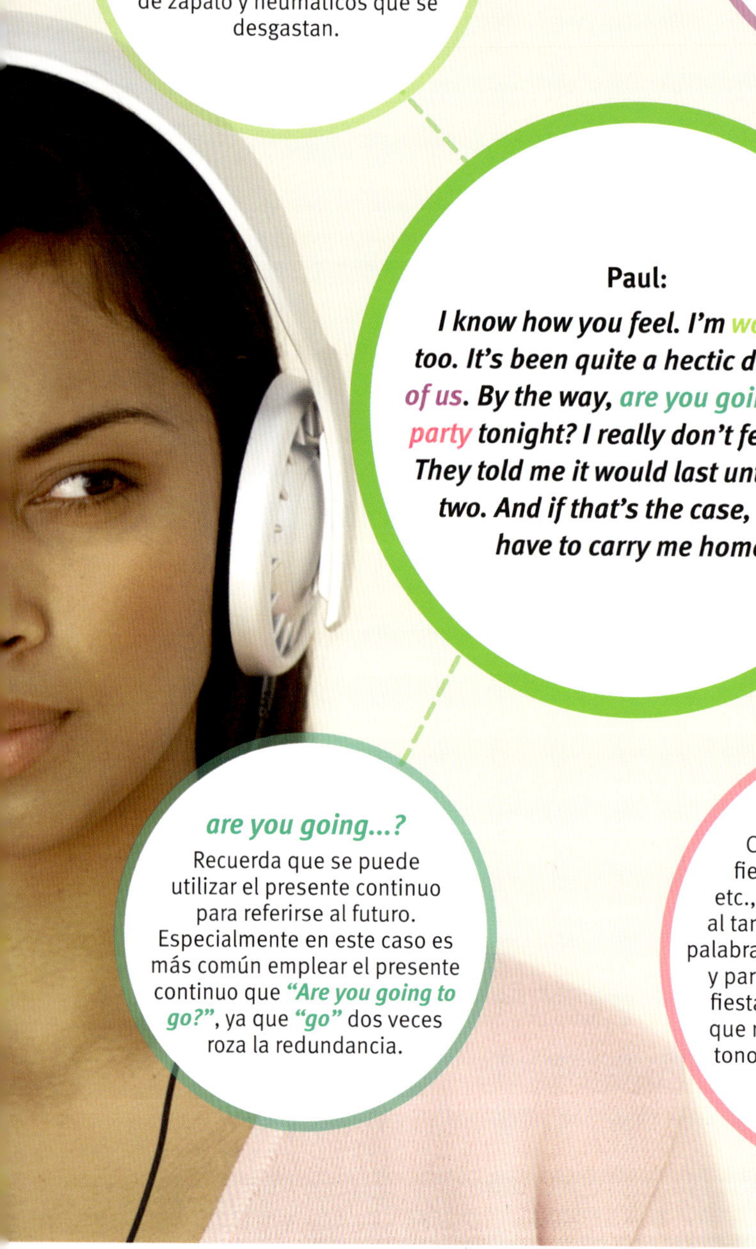

worn out

Esta expresión para decir **'agotado'** proviene del verbo *"to wear out"*, que significa **'desgastar'**. Utilizamos este verbo sobretodo para referirnos a suelas de zapato y neumáticos que se desgastan.

all of us

Hay dos formas distintas de decir **'todos nosotros', 'todos vosotros'** y **'todos ellos'**. La forma más corriente es la empleada aquí: *"all of us"*, *"all of you"* y *"all of them"*. Pero también podemos decir *"us all"*, *"you all"* y *"them all"*.

Paul:

I know how you feel. I'm worn out too. It's been quite a hectic day for all of us. By the way, are you going to that party tonight? I really don't feel like it. They told me it would last until one or two. And if that's the case, they'll have to carry me home!

are you going...?

Recuerda que se puede utilizar el presente continuo para referirse al futuro. Especialmente en este caso es más común emplear el presente continuo que *"Are you going to go?"*, ya que *"go"* dos veces roza la redundancia.

that party

Cuando nos referimos a una fiesta, una reunión, una boda, etc., de la que todo el mundo está al tanto, es muy habitual emplear la palabra *"that"* en vez del artículo ***"the"***, y particularmente si se trata de una fiesta, una reunión o una boda a la que no quieres ir. Dependiendo del tono en que se diga, *"that"* puede aportar la idea de cierto desprecio.

Paul:

Sé cómo te sientes. Yo estoy agotado también. Ha sido un día ajetreado para todos nosotros. Por cierto, ¿vas a ir a la fiesta esta noche? Realmente no tengo muchas ganas. Me han dicho que duraría hasta la una o las dos. Si es así, ¡tendrán que llevarme a casa en brazos!

1. **How does Paul feel?**
   Paul feels worn out.
2. **How has their day been?**
   The day has been very hectic.
3. **Do they have any kind of plan for tonight?**
   Yes, there's a party on tonight.
4. **Does Paul feel like going to the party?**
   No, he really doesn't feel like going.
5. **When will the party finish?**
   Some friends told him that the party would last until one or two.

Si no supiste contestar alguna de las preguntas, vuelve a poner el audio e inténtalo de nuevo. Estamos seguros de que ahora te será mucho más fácil contestar.

UNA CURIOSIDAD...

Tanto en el Reino Unido como en Estados Unidos, cuando nos referimos a **'mil unidades de la moneda local'**, bien sean **1.000£** o **1.000$**, lo llamamos coloquialmente ***"a grand"***.

SABÍAS QUE...

A los billetes de 5€ y 10€ que usamos aquí en España también se les llama ***"fivers"*** y ***"tenners"*** en un rincón del mundo angloparlante: ¡en Irlanda!

PARA PROFUNDIZAR...

En Estados Unidos los billetes no tienen nombre propio, pero las monedas sí: una moneda de un céntimo es ***"a penny"***, una de cinco céntimos es ***"a nickle"***, una de diez céntimos es ***"a dime"*** y una de veinticinco céntimos es ***"a quarter"***.

¡Pon el CD!
Pista de audio
19

Números... ¡A paso ligero!

Fiver & Tenner

Un billete de cinco libras	A fiver /fáaivvva/
Un billete de diez libras	A tenner /ténnna/
Un billete de veinte libras	A twenty /tuéni/
Un billete de cincuenta libras	A fifty /fífffti/

Hoy la sección de números nos sirve como pretexto para presentarte la forma más coloquial de referirnos a los **billetes en el Reino Unido**. Aunque en principio ***"a five-pound note"*** (**'un billete de cinco libras'**) y ***"a ten-pound note"*** (**'un billete de diez libras'**) son las formas más correctas, lo normal es decir *"a fiver"* (**'un billete de cinco'**) o *"a tenner"* (**'un billete de diez'**). A partir de ahí, solemos hablar de *"a twenty"* (**'un billete de veinte'**) o de *"a fifty"* (**'un billete de cincuenta'**).

Traduce las siguientes frases que contienen nuestra forma más coloquial para referirnos a **'un billete de cinco'** (*"a fiver"*) y a **'un billete de diez'** (*"a tenner"*).

Encontré un billete de cinco en el metro.	**I found a fiver on the tube.**
Sólo me costó diez libras. ¡Fue un chollo!	**It only cost me a tenner. It was a bargain!**

Es una expresión muy coloquial pero muy extendida: en vez de decir que **'algo nos costó diez libras'** (*"It cost me ten pounds"*) decimos que **'nos costó un billete de diez'** (*"It cost me a tenner"*).

Sólo llevo un billete de cinco encima.	**I've only got a fiver on me.**
Creo que le di (a Ud.) un billete de diez.	**I think I gave you a tenner.**
¡Acabo de encontrar un billete de cinco en el bolsillo de mi chaqueta!	**I've just found a fiver in my jacket pocket!**
¿Puedes darme cambio de un billete de diez?	**Can you give me change for a tenner?**
¡Te debo un billete de cinco y no lo tengo!	**I owe you a fiver and I don't have one!**

Ahora queremos que trabajes también con el uso de las formas coloquiales *"a twenty"* (**'un billete de veinte'**) y *"a fifty"* (**'un billete de cincuenta'**) en las siguientes frases de traducción.

¿Me puede dar dos billetes de veinte y uno de diez en vez de uno de cincuenta, por favor?	**Can you give me two twenties and a ten rather than a fifty, please?**

Curiosamente, cuando hablamos de un billete de X valor seguido de uno de diez, no decimos *"a tenner"* sino *"a ten"*. Lo mismo ocurre con billetes de cinco. Por ejemplo, *"a tenner and two fives"* (**'uno de diez y dos de cinco'**).

Te puedo dar dos billetes de veinte y uno de cincuenta si quieres.	**I can give you two twenties and a fifty if you like.**
¿Me puedes prestar algo de dinero? Uno de veinte debería ser suficiente.	**Can you lend me some cash? A twenty should be enough.**

Cuando empleamos la expresión coloquial ***"a twenty"***, casi nunca pronunciamos la **'t'**. Se dice siempre: **/tuéni/**.

Anoche tenía un billete de cincuenta. ¡¿Dónde lo puse?!	**Last night I had a fifty. Where did I put it?!**
Toma los veinte que me prestaste la semana pasada.	**Here's the twenty you lent me last week.**
¡No me puedo creer que me dieran un billete de cincuenta falso en aquella tienda!	**I can't believe they gave me a fake fifty at that store!**

RECUERDA QUE...

No debes expresar *"more that"* o *"less that"* cuando quieras hablar en inglés de **'más de algo...'** o **'menos de algo...'**. ¡Nos suena fatal! Cíñete a las formas ***"more than..."*** y ***"less than..."*** respectivamente.

10

NO OLVIDES QUE...

'Un mundial' es un sustantivo contable, por lo tanto, al traducir frases como **'Inglaterra ha ganado menos Mundiales que Italia'** has de emplear ***"fewer"*** y no *"less"*: ***"England has won fewer World Cups than Italy"***.

ESFUÉRZATE EN...

Recordar que una de las acepciones del *phrasal verb* ***"to make something up"*** es **'inventar algo'**: ***"I can't believe you made that up!"*** (**'¡No me puedo creer que te lo inventaras!'**).

¡Pon el CD!
Pista de audio
20

¡El rePaso!

¡Ha llegado la hora del test final! El repaso es la clave del éxito y nunca lo podemos olvidar. ¿Has logrado hacerte con todas las palabras, estructuras y sonidos de esta entrega? No sólo se trata de entenderlas, sino también de reproducirlas con confianza y soltura.

Cometes más errores que tu hermana cuando hablas rápido.	**You make more mistakes than your sister when you speak quickly.**
Tengo menos influencia que mi jefe.	**I have less influence than my boss.**
Hay menos ruido en el campo que en las ciudades.	**There's less noise in the country than in cities.**
No me puedo ir de vacaciones, estoy demasiado ocupado.	**I can't go on holiday; I have too much on my plate.**
No podré terminar el informe hoy, estoy muy ocupado.	**I won't be able to finish the report today; I have too much on my plate.**
No contéis conmigo, dije que estaba muy ocupado.	**I'm out; I said I had too much on my plate.**
¿Por qué hay menos mujeres que hombres en la política?	**Why are there fewer women than men in politics?**

Al traducir **'menos mujeres'** no digas *"less women"*, sino ***"fewer women"*** dado que ***"women"*** (pronunciado **/uímmminnn/**) es un sustantivo contable.

Una mosca tiene menos patas que una araña.	**A fly has fewer legs than a spider.**
¡Te lo estás inventando sobre la marcha!	**You're making it up as you go along!**

Nuestra manera de decir **'sobre la marcha'** es ***"as X go along"***. Lo único que cambia es el sujeto y el verbo ***"to go"***. Por ejemplo: ***"as he goes along"***, ***"as they go along"***, ***"as I went along"***, etc.

Tuve que inventármelo, no quise decirle a ella la verdad.	**I had to make it up; I didn't want to tell her the truth.**
Albert se inventa unas historias muy graciosas.	**Albert makes up really funny stories.**
¿Quieres estudiar Economía o Sociología?	**Do you want to major in Economics or Sociology?**
El examen de Arquitectura de Chris salió bien, pero el examen de Derecho de James salió mal.	**Chris's Architecture exam went well but James's Law exam went badly.**
No sé de quién son las llaves del coche.	**I don't know whose car keys they are.**
No sé de quién es esposa la mujer que conocimos el otro día.	**I don't know whose wife we met the other day.**
No sé de quién son las gafas de sol.	**I don't know whose sunglasses they are.**

Ayer por la tarde ella me llamó dos veces.	**Yesterday evening, she rang me twice.**
¿Llevaste a Kelly a casa en coche ayer por la tarde?	**Did you drive Kelly home yesterday evening?**
¿Organizaron una fiesta en su casa (de ellos) ayer por la tarde?	**Did they throw a party at their house yesterday evening?**
Sé cómo te sientes. Yo estoy agotado también.	**I know how you feel. I'm worn out too.**
Por cierto, ¿vas a ir a la fiesta esta noche?	**By the way, are you going to that party tonight?**
Sólo llevo un billete de cinco encima.	**I've only got a fiver on me.**
¿Puedes darme cambio de un billete de diez?	**Can you give me change for a tenner?**
¿Me puede dar dos billetes de veinte y uno de diez en vez de uno de cincuenta, por favor?	**Can you give me two twenties and a ten rather than a fifty, please?**

¡No te engañes! Si no dedicas un mínimo de **20 minutos al día** para repasar y afianzar los conocimientos que te acabamos de enseñar, habrás perdido tu tiempo. El éxito para aprender un idioma depende sólo de una cosa: del esfuerzo continuo del alumno.

nivel

avanzado

Vinagre inglés

El mundo de las bodegas está repleto de misterios. Un aura casi sagrada emana de la semioscuridad de una bodega cuyas bóvedas guardan el secreto del milagro que sólo puede aportar el tiempo, rindiendo homenaje a la labor y al conocimiento del hombre cuando transforma un buen vino en una añada excepcional.

Es un oficio muy bonito. Trabajas muy duro durante todo un año, preparando la viña, tallándola durante el frío invierno, quitándole toda hoja podrida en la primavera y rompiéndote la espalda durante la gran fiesta de la vendimia. Luego vienen todas estas meticulosas labores de bodega cuando la varita mágica del buen enólogo se muestra capaz de convertir la carne de la uva en oro líquido. Y luego a esperar. Esperar año tras año hasta que el vino llegue a su madurez y entonces... ¡Qué maravilla! O no. Puede que cuando llegue este gran momento esperado con tanta ilusión tu vino se haya convertido en vinagre.

Lamentablemente, esto es precisamente lo que ocurre cuando intentas embotellar y embodegar tu inglés. Aunque lo trabajes muy duro durante el frío de todo un invierno, aunque lo estudies con afán durante la dulce primavera, aunque creas que todas tus atenciones durante el calor del verano son suficientes, si lo cosechas demasiado pronto y lo dejas tal cual, "envejeciendo" en la bodega de tu cabeza, cuando lo abras será puro vinagre inglés.

Si quieres que tu inglés se convierta en un gran reserva, dedícale tiempo, constancia y controla su evolución igual que lo haría un gran sumiller.

Lo que vas a ver en el nivel avanzado...

1. Empezaremos con **'El infinitivo en negativo'**.

2. Seguiremos con la expresión ***"to be worth"*** cuándo va seguido del *gerundio*..

3. El tercer paso que darás le llegará a la pronunciación correcta de ***"stop"***.

4. Trabajaremos el *phrasal verb* ***"to knuckle down"***.

5. La sección del vocabulario se centra en diferentes tipos de **'carreras académicas'**.

6. El uso correcto de ***"not as many as..."*** y ***"fewer than"***.

7. Los verbos irregulares ***"to pay"***, ***"to seek"*** y ***"to sleep"***..

8. Un ejercicio para que afines tu **comprensión auditiva**.

9. **Números**: veremos una forma de hacer aproximaciones en inglés.

10. Un **rePaso** de un poco de todo lo que has visto en este nivel.

PARA PROFUNDIZAR

Un uso coloquial de ***"worry"*** es la expresión ***"no worries"*** (**'no hay de que'** o **'tranquilo'**), que se usa más en Australia que en otros países. Además, recuerda que la palabra ***"worry"*** se pronuncia **/uáarii/**, con la **'r'** inglesa muy suave que a estas alturas conocerás bien.

"GIVE AWAY A SECRET"

A continuación verás el ejemplo ***"they told me not to reveal the secret"***, pero si quieres empujarte aún más con tu ingles, puedes decir: ***"they told me not to give the secret away"*** o ***"they told me not to give away the secret"***.

PRONUNCIACIÓN

Aunque sea un nombre español, cuando decimos ***"Carlos"*** en inglés, apenas pronunciamos la **'r'**; se pronuncia **/káalosss/**.

¡Pon el CD!
Pista de audio
21

Gramática I

El infinitivo en negativo

"To be or not to be... that is the question"
"Hamlet", Shakespeare

Una de las citas más famosas de la literatura inglesa, aparte de invitarnos a una profunda reflexión existencial, nos sirve de ejemplo para demostrar la diferencia entre el infinitivo y el negativo del infinitivo. Simplemente es cuestión de anteponer la palabra ***"not"*** a la partícula ***"to"***. Empleamos el negativo del infinitivo con algunos de los mismos verbos con los que empleamos el infinitivo normal.

Ten en cuenta que en inglés no decimos *"I asked him that he didn't go"*, ni nada que empiece por *"I asked him that..."*. Asegúrate de decir ***"not to"*** justo después de los pronombres como ***"him"***, ***"her"***, ***"them"*** o ***"you"*** en estas frases.

Le pedí a él que no fuera.	**I asked him not to go.**
Él me pidió que no se lo dijera a nadie.	**He asked me not to tell anyone.**

Recuerda que las ***"double negatives"*** (**'negaciones dobles'**) no se usan en el inglés culto, de modo que no se puede decir *"he asked me not to tell no one/nobody"*.

Nos pidieron que no hiciéramos ruido.	**They asked us not to make any noise.**
Les pedí que no publicaran el artículo.	**I asked them not to publish the article.**
Me pidieron que no dimitiera aún.	**They asked me not to resign yet.**

"Resign" se pronuncia **/risáinnn/**.

Nos pidieron que no hablásemos en la iglesia.	**They asked us not to talk in the church.**

'Sinagoga' se dice ***"synagogue"*** (**/sssinagggóggg/**) y **'mezquita'** se dice ***"mosque"*** (**/mósssk/**).

Igual que no deberías decir *"I asked him that he didn't come"*, sino ***"I asked him not to come"***, también asegúrate de evitar el terrible *"I said him..."*, que es incorrecto y suena a rayos. Aunque se puede decir ***"I said to him not to wear a tie"***, suena un poco torpe y es más común emplear ***"to tell"*** cuando se trata de una orden: ***"I told him not to wear a tie"***.

Le dije que no llevara corbata.	**I told him not to wear a tie.**

¿Sabías que **'una pajarita'** (hablando del tipo de corbata) se dice *"a bow tie"*?

Me dijo que no me preocupara.	**He told me not to worry.**
Me dijeron que no desvelara el secreto.	**They told me not to reveal the secret.**

La palabra *"reveal"* se pronuncia /rivvvíil/.

Ella me dijo que no saliera sin avisarla.	**She told me not to leave without letting her know.**
Les dijimos que no hablasen de ello con Carlos.	**We told them not to speak to Carlos about it.**
Le dije que no gritara.	**I told him not to shout.**

Podrías decir *"yell"* en lugar de *"shout"*, aunque *"yell"* a veces sugiere un grito más fuerte que *"shout"*.

RECORDATORIO

La pregunta *"How much is it worth?"* puede significar tanto **'¿Qué valor tiene (ello)?'** como **'¿Qué precio tiene (ello)?'**.

LO FUNDAMENTAL

Las formas más básicas y corrientes de *"to be worth"* son *"It's worth it"* (**'Vale la pena'**) e *"It's not worth it"* (**'No vale la pena'**)'. **'¡Vale la pena aprenderlas!'**, *"It's worth learning them!"*.

2

PRONUNCIACIÓN

La palabra *"sacrifice"*, que aparece en este *Paso*, se pronuncia **/sssákrifaisss/** y no /sakrifisss/.

¡Exprésate como un nativo!

TO BE WORTH
/tttubiiuéez/
merecer la pena

Todo el mundo aprende el verbo ***"to be worth"*** como **'valer'**, una acepción bastante poco empleada, y no como **'merece la pena'**, su significado más común. ¡No es bueno siempre depender de los diccionarios!

Para decir que merece la pena hacer algo, empleamos el verbo ***"to be worth"*** seguido del gerundio.

To be worth	+	**verbo en gerundio (*"-ing"*)**
It's worth	+	**leaving early**

Mientras vocalizas estas frases, recuerda que *"worth"* no se pronuncia /uórz/ sino /uéez/, sin atisbo de la 'r' o bien con una **'r'** suave.

Merece la pena ir al Museo del Prado.	**It's worth going to the Prado museum.**

Aunque *"it's worth it"* significa que algo merece la pena, no digas "it" entre *"worth"* y un verbo en el gerundio, porque ese verbo sustituirá al "it".

¿Merece la pena sacrificarse por ello?	**Is it worth making a sacrifice?**
No merece la pena enfadarse por ello.	**It isn't worth getting angry about.**

¡No olvides que *"worth"* se pronuncia /uéez/ y no /uórz/!

No merecía la pena levantarse temprano por ello.	**It wasn't worth getting up early for.**
Merece la pena perseverar por ello.	**It's worth persevering.**
Merece la pena intentarlo.	**It's worth trying.**
No merece la pena quejarse por ello.	**It's not worth complaining about.**

Seguimos machacando ejemplos de esta estructura. Ten en cuenta que tienes que usar el verbo en gerundio, y que no puedes decir *"it's worth fight for"*, ¡nunca!

Creo que merece la pena luchar por ello.	**I think it's worth fighting for.**

Se podría decir ***"it"*** al final de la frase de arriba. Algunos puristas dirían que es mejor incluir la palabra ***"it"***, pero se puede omitir perfectamente.

¿Merece la pena decirles que no vengan?	**Is it worth telling them not to come?**

¿Cómo se dice **'arrastrar y dejar'**?

"To drag and drop"

¿Merecía la pena cortarte el pelo por ello?	**Was it worth getting your hair cut for?**
¿Mereció la pena quedarte en casa para ver el partido?	**Was it worth staying in to watch the match?**
¿Merece la pena ir al gimnasio todos los días?	**Is it worth going to the gym every day?**

"Gym" se pronuncia **/chimmm/**.

Merece la pena terminar el curso de inglés.	**It's worth finishing the English course.**

PRONUNCIACIÓN

Recuerda que cuando pronunciamos la capital francesa, hacemos hincapié en la primera sílaba y no en la segunda: /párisss/.

SABER MÁS

En este *Paso* se ve el verbo ***"to sneeze"***, que significa **'estornudar'**, y quizás te interesará saber que **'sonarse'** se dice ***"to blow your nose"***.

UN ASPECTO CULTURAL

Mientras que en inglés británico **'un punto'** (cuando se trata del signo ortográfico) se dice ***"a full stop"***, en inglés americano se dice ***"a period"***.

¡Pon el CD!
Pista de audio
23

¡No queremos que tengas una mala experiencia lingüística cuando quieras expresarte! Para que los angloparlantes te entiendan, entre otras cosas es imprescindible una buena pronunciación.

Pronunciación

Veamos cómo se pronuncia...

STOP y STOPPED

/estop/ /estoped/

¡No pases!

/ssstoppp/ /ssstóptttt/

¡Puedes pasar!

En la última entrega estudiaste el verbo ***"to start"***, que puede ir seguido tanto del gerundio como del infinitivo sin variar el significado de la frase. Sin embargo, el significado del verbo ***"to stop"*** cambia según vaya acompañado del infinitivo o del gerundio.

En este *Paso*, trabajarás ambos usos de ***"to stop"***, y te daremos mucha caña con dicho verbo. Además de practicar la pronunciación de ***"stop"***, **/ssstóp/**, también practicarás ***"stopped"***, en pasado, que se dice así: **/ssstóptttt/**.

"Stop" **+ gerundio** significa **'dejar de hacer algo'**, por ejemplo ***"to stop smoking"*** significa **'dejar de fumar'**.

Ella dejó de salir con Tom el mes pasado.	**She stopped going out with Tom last month.**

La fábrica dejó de producir detergente hace mucho tiempo.	**The factory stopped making detergent a long time ago.**

En la palabra ***"detergent"*** el énfasis recae en una sílaba distinta a la de su equivalente en castellano. Decimos **/dddetéechnnnttt/**, enfatizando la segunda sílaba.

Estoy pensando en dejar de ir al gimnasio.	**I'm thinking about stopping going to the gym.**

Él dejó de fumar tras su infarto.	**He stopped smoking after his heart attack.**

'Humo' también se dice ***"smoke"***.

¿Podéis dejar de hacer tanto ruido?	**Can you stop making all that noise?**

No se puede decir *"to do noise"* en lugar de ***"to make noise"***.

¿Has dejado de jugar al tenis?	**Have you stopped playing tennis?**

***"Stop"* + infinitivo** significa **'pararse para hacer algo'**. La estructura es la misma para el verbo en su forma intransitiva (**'pararse'**) y en su forma transitiva (**'parar algo o a alguien'**).

Él paró cinco minutos para fumar un cigarro.	**He stopped for five minutes to smoke a cigarette.**

Ya dices bien /sssssssssssssssssssstop/ pero ¿y /sssssssssssssmóuk/?

Ella se paró para estornudar.	**She stopped to sneeze.**

Ya ¿Y /sssssssssssssssssníis/?

A la vuelta de París, pararé en Borgoña para comprar vino.	**On the way back from Paris I'm stopping in Burgundy to buy some wine.**
La policía nos paró para hacerle a mi marido un control de alcoholemia.	**The Police stopped us to breathalyse my husband.**

Desde que comenzó la campaña de concienciación sobre los peligros de conducir ebrio (***"drink and drive"*** como decimos nosotros) se acuñó el término ***"to breathalyse"***, proveniente directamente del objeto que utiliza la policía para realizar el control de alcoholemia: ***"a breathalyser"***.

¿Paraste para ver a tus padres?	**Did you stop to see your parents?**
Paramos para cambiar de conductor.	**We stopped to change drivers.**

¡NO LOS CONFUNDAS!

Si en vez de *"knuckle down"* (**'esforzarse al máximo'**) dices ***"buckle under"*** estarás hablando de algo muy distinto: ***"to buckle under"*** significa derrumbarse bajo la presión constante de algo o alguien.

CRIMEN Y CASTIGO

"A knuckle rap" (**'un golpe seco en los nudillos'**) es un antiguo castigo corporal que se administraba a los niños traviesos en los colegios británicos. Hoy en día aún es una expresión figurativa que significa **'un castigo leve'** o **'una llamada de atención'**.

LO OPUESTO

¿Te acuerdas del *phrasal verb* que es prácticamente el antónimo directo del *phrasal verb* de esta semana? Lo vimos en la entrega **13** de este curso: *"to faff about"* (**'hacer el vago'**).

¡Pon el CD!
Pista de audio
24

Phrasal Verbs
¡Un Paso de Gigante!

No es necesario aprender todos los *phrasal verbs* que existen, pero sí dominar los más comunes. Si practicas a tope un único *phrasal verb* cada semana, tu inglés dará pasos de gigante.

"to knuckle down"

Nuestro verbo compuesto de hoy significa **'ponerse a hacer algo en serio'**. Aunque a menudo le sigue el infinitivo, es muy común oír ***"to knuckle down and do something"***. Curiosamente, como quizá ya sabes, ***"a knuckle"*** es **'un nudillo'**.

Ready to **knuckle down and work** on this week's *phrasal verb*? Let's do it!

¡Ponte a trabajar en serio!	**Knuckle down!**

La 'k' inicial de este verbo es muda. ***"Knuckle"*** se pronuncia **/náacol/**, enfatizando la primera sílaba.

¿Cuándo te vas a poner a estudiar en serio?	**When are you going to knuckle down to study?**
Tengo que ponerme en serio a preparar este informe.	**I have to knuckle down to prepare this report.**
Pongámonos a trabajar en serio.	**Let's knuckle down to work.**

A los angloparlantes nos encanta usar sustantivos como verbos y convertir a los verbos en verbos compuestos. Es así como, por ejemplo, el sustantivo ***"eye"*** (**'ojo'**) se convierte en el verbo ***"to eye"*** (**'mirar de forma desconfiada'**) y después en el *phrasal verb* ***"to eye up"*** (**'evaluar con la mirada'**).

Si no me pongo a trabajar en serio, me van a despedir.	**If I don't knuckle down to work, I'm going to get sacked.**
Una vez que llegues aquí, tendrás que esforzarte en serio.	**Once you get here, you'll really have to knuckle down.**
Si simplemente te esforzaras en serio, no hay mucho que no pudieras conseguir.	**If you would just knuckle down, there isn't much you couldn't achieve.**

You haven't **buckled under** the pressure of learning this verb, have you? Good! Now **knuckle down** with the following examples too!

Me está costando ponerme a repasar en serio para el examen.	**I'm finding it difficult to knuckle down and revise for the exam.**

Nunca usaríamos este *phrasal verb* en una pregunta suave o una sugerencia amable. Es más bien una expresión que se usa en imperativos que contienen mucha fuerza y determinación: ***"Knuckle down and do it!"*** (**'¡Ponte a trabajar y hazlo!'**).

Pongámonos a limpiar esta casa de una vez por todas.	**Let's knuckle down and clean this house once and for all.**
Si él quiere conseguir sus metas, va a tener que esforzarse al máximo y trabajar por ellas.	**If he wants to achieve his goals, he's going to have to knuckle down and work for them.**
Sé que te da miedo, pero simplemente ponte en serio y haz tus declaraciones de la renta.	**I know you're scared but just knuckle down and do your tax returns.**
Un 90% de mi éxito se debe a esforzarme al máximo y hacer el trabajo sucio.	**About 90% of my success is because of knuckling down and doing the dirty work.**

"Success" tiene más sonidos de **"s"** de las que parece que debería tener: **/sssaaksssésss/**.

¿Te pusiste en serio y cortaste todo el texto superfluo?	**Did you knuckle down and cut all the superfluous text?**
¡¿Cuándo te vas a poner en serio y vas a dar un paso al frente por lo que te toca?¡	**When will you knuckle down and start taking responsibility for your actions?!**

SABER MÁS (I)...

En EEUU, no hay licenciaturas equivalentes a las de **'Derecho'** o **'Medicina'**. Para llegar a ser abogado o médico hay que ir a ***"law school"*** y a ***"medical school"*** respectivamente, después de hacer una licenciatura.

SABER MÁS (II)...

El término ***"bachelor's degree"*** es una adaptación de la palabra francesa *baccalauréat* de la cual proviene también la palabra en castellano **'bachillerato'**.

¡PREPOSICIONES!

Podemos decir ***"masters"*** o ***"master's degree"***, pero ambos van seguidos siempre de la preposición ***"in"***. ***"I have a masters in business English, and you?"***

¡Pon el CD!
Pista de audio
25

No importa el nivel de inglés que tengas, siempre conviene aprender más vocabulario. ¡Hasta los nativos nos expresamos mejor cuando ampliamos nuestro repertorio!

Vocabulario

Academic qualifications

certificado	certificate	/seetífiket/
diploma	diploma	/láisensss/
grado / licenciatura	degree	/degríi/
licenciatura de letras	BA	/bíi_eí/
licenciatura de ciencias	BS	/bíi_ésss/
máster	masters	/másssteеs/
máster en empresariales	MBA	/émmm_bíi_éi/
doctorado	PhD	/píi_éich_díi/

En los *Pasos* de vocabulario de los niveles anteriores de esta entrega hemos visto varios campos de estudio y nombres de asignaturas que se pueden estudiar en el colegio y en la universidad.

Ahora vamos a ver algunos nombres de acreditaciones que podemos recibir, bien sea en la universidad o en otras instituciones.

Igual que en castellano, ***"a certificate"*** (**'un certificado'**) no es un título que recibamos en una universidad, sino que lo da un taller o escuela de formación profesional.

La acreditación más básica que recibimos de la universidad en los países anglosajones se llama ***"a bachelor's degree"***, pero la mayor parte de la gente lo abrevia hasta decir ***"a degree"*** a secas. Especificamos si hemos estudiado más o menos asignaturas de ciencias o letras al decir que hemos sacado una carrera de ciencias (***"a bachelor of science degree"*** siempre abreviado a ***"BS"***) o una carrera de letras (***"a bachelor of arts degree"*** siempre abreviado a ***"BA"***). La acreditación más alta que concede una universidad es la de ***"PhD"*** o ***"doctorate"*** (**'doctorado'**).

Empezamos practicando los nombres de las distintas acreditaciones en inglés usando los distintos verbos que pueden acompañarlas como ***"to get"*** (**'conseguir'**), ***"to graduate"*** (**'graduarse'**), ***"to receive"*** (**'recibir'**) o ***"to earn"*** (**'ganarse algo'**).

Me licencié en psicología en junio del año pasado.	**I got my degree in psychology last June.**
Me gradué con una licenciatura de ciencias en biología el otoño pasado.	**I graduated with a BS in biology last fall.**

En inglés uno se gradúa 'con' un una licenciatura (***"to graduate with a degree"***) pero se gradúa 'de' una universidad (***"to graduate from a university or college"***).

Ella tiene el doctorado en literatura húngara del siglo XIX.	**She has a PhD in 19th century Hungarian literature.**
Recibí mi certificado en cuidados neonatales hace un par de semanas.	**I received my certificate in post-natal care a couple of weeks ago.**
Él está sacándose un máster en empresariales de Georgetown.	**He's earning an MBA from Georgetown.**
Estoy sacándome una licenciatura de humanidades en sociología en la universidad.	**I'm working towards a BA in Sociology at university.**
¡Al final de noviembre tendré mi diploma en pedagogía!	**At the end of November I'll have my diploma in child studies!**

Seguimos practicando los nombres de las acreditaciones en inglés y en los ejemplos de abajo vamos a emplear una estructura que ya has visto en esta entrega: ***"to be worth it"*** (**'merecer la pena'**).

Creo que merece la pena sacarse una licenciatura universitaria hoy en día.	**I think it's worth getting a college degree nowadays.**
¿Te mereció la pena sacarte el doctorado?	**Was getting your PhD worth it?**
¡En realidad no me mereció la pena todo el esfuerzo de sacarme el máster en empresariales!	**Getting my MBA really wasn't worth all that effort!**

En la estructura ***"to be worth it"*** la partícula ***"it"*** representa aquello que fue costoso, aquello que mereció la pena. Si queremos ser más específicos y decir que **'nuestro esfuerzo'** mereció la pena o que **'el coste monetario'** mereció la pena o que **'el tiempo invertido'** mereció la pena tendremos que sustituir *"it"* por ***"the effort"***, ***"the money"*** o ***"the time"*** respectivamente.

Sacarme el certificado de socorrista realmente valió la pena.	**Getting my lifeguard's certificate was really worth it.**

La palabra ***"really"*** (**'de veras / en serio / realmente'**) es una palabra de la que los nativos frecuentemente abusamos, pero de la cual los estudiantes de inglés apenas se aprovechan utilizando en su lugar ***"very"***. Aprende de nosotros y usa ***"really"*** más a menudo. Tu inglés sonará mucho más natural.

¿De verdad te valió la pena sacarte el máster en lenguas romance?	**Was getting your masters in romance languages really worth it?**
No sé qué me convenció para sacarme la licenciatura de ciencias en ingeniería. ¡No mereció la pena en absoluto!	**I don't know what convinced me to get my BS in engineering. It wasn't worth it at all!**
¿Desearías no haberte sacado el diploma en sociología? No parece merecer la pena.	**Do you wish you hadn't gotten your diploma in social studies? It doesn't seem worth it.**

PRONUNCIACIÓN

En este paso te vas a familiarizar con el adjetivo *"fewer"* para indicar **'menos que'**. Queremos que además de aprenderlo a utilizar, aprendas su pronunciación correcta: /**fiúa**/.

UNA CURIOSIDAD

La palabra *"comic"* puede funcionar tanto como un adjetivo, **'cómico'**, como un sustantivo, el equivalente en castellano es **'tebeo'**, aunque está más extendido el anglicismo **'cómic'**.

6

¡OJO!

Existen muchos nativos que no emplean la palabra *"fewer"* y tienden a usar *"less"* de manera indiscriminada. Sin embargo, aunque sea así, que no sea una excusa para que tú no la aprendas a usar bien.

¡Pon el CD
Pista de audi
26

Gramática II

Not as many y fewer than

not	+	as	+	many	+	sustantivo	+	as
				fewer	+	sustantivo	+	than

La semana pasada vimos dos maneras diferentes de expresar el comparativo con sustantivos incontables. Trabajamos con ***"not as much"*** que se utiliza para decir **'no tanto'** y ***"less than"*** que significa **'menos que'**, ambos con sustantivos incontables. Esta semana, le toca el turno a las expresiones ***"not as many"*** para decir **'no tantos como'** y ***"fewer than"*** para decir **'menos que'**, en este caso utilizadas con sustantivos contables.

Vemos que la misma idea se puede expresar de dos formas distintas, observa los siguientes ejemplos:

No he leído tantos libros como mi mujer.	**I haven't read as many books as my wife.**
o	or
He leído menos libros que mi mujer.	**I've read fewer books than my wife.**

Como la semana anterior, vamos a trabajar estas dos estructuras haciendo un ejercicio en el que el castellano brilla por su ausencia. Cuando uno quiere dominar un idioma es necesario empezar a pensar en inglés. Expresa la misma frase que viene a la izquierda (con *"fewer than"*) pero empleando la otra forma para decir lo mismo (con *"not as many"*).

We saw fewer lions than zebras on the safari.	**We didn't see as many lions as zebras on the safari.**
There are fewer cars in Madrid than Los Angeles.	**There aren't as many cars in Madrid as Los Angeles.**
She buys fewer DVDs than CDs.	**She doesn't buy as many DVDs as CDs.**
There are fewer strings on a violin than a guitar.	**There aren't as many strings on a violin as a guitar.**
He's had fewer girlfriends than his brother has.	**He hasn't had as many girlfriends as his brother has.**

Cuando quieres usar el mismo verbo dos veces en una frase comparativa pero con dos sujetos diferentes, éste se puede omitir o remplazar por el verbo auxiliar correspondiente (*"has"* en este caso).

They're playing fewer concerts than they did last year.	**They're not playing as many concerts as they did last year.**

Cuando quieres usar el mismo verbo dos veces en una frase comparativa y con el mismo sujeto, tanto el verbo auxiliar correspondiente (***"did"*** en este caso) como el pronombre sujeto (***"they"***) son opcionales la segunda.

Why are there fewer chairs than there are people?	**Why aren't there as many chairs as there are people?**

Ahora vamos a hacer el mismo ejercicio pero en sentido inverso. Te damos unas oraciones con ***"not as much as"*** y tendrás que utilizar la estructura ***"fewer than"*** para indicar la misma idea en la columna de la derecha.

I didn't drink as many beers as you did at the party.	**I drank fewer beers than you did at the party.**
Why aren't there as many women as there are men in the army?	**Why are there fewer women than men in the army?**
She doesn't make as many mistakes as you do.	**She makes fewer mistakes than you do.**

Al traducir frases del tipo **'Ella no comete tantos fallos como tú'** no digas *"She doesn't make so many mistakes than you do"* sino ***"She doesn't make as many mistakes as you do"***.

Los Chunguitos haven't sold as many records as The Beatles have.	**Los Chunguitos have sold fewer records than The Beatles have.**
They didn't find as many mushrooms as they did last time.	**They found fewer mushrooms than they did last time.**
I don't read as many books as I do comics.	**I read fewer books than I do comics.**

Ya te lo hemos indicado en los consejos de la primera página pero es muy importante que pronuncies ***"fewer"*** del siguiente modo: /fiúa/.

He won't win as many matches as Nadal will.	**He'll win fewer matches than Nadal will.**

"SEEK AND DESTROY"

Existe, en el plano militar, la frase hecha ***"seek and destroy"*** que significa **'buscar y destruir'**. Nosotros vamos a adaptarla para buscar y destruir los errores a la hora de pronunciar y utilizar los tres verbos de esta semana.

EL ESCONDITE

¿Sabías que el juego del **'escondite'** se llama ***"hide and seek"*** en inglés? Literalmente decimos 'esconder y buscar'.

¿QUÉ DEBO EVITAR?

Cuando queremos decir que **'hemos dormido durante x horas'** utilizamos la preposición ***"for"***, decimos por ejemplo, ***"I've slept for 8 hours"*** y nunca diremos *"I've slept during 8 hours"*.

¡Pon el CD!
Pista de audio
27

Si realmente quieres considerarte un alumno de nivel avanzado, tienes que ser capaz de cambiar de un verbo irregular a otro, y de un tiempo verbal a otro, en cuestión de segundos. ¡Pon el audio e intenta seguir nuestro ritmo!

Verbos Irregulares

"to pay" "to seek" "to sleep"

Pagar	**pay** /péi/	**paid** /péiddd/	**paid** /péiddd/
Buscar	**seek** /síiik/	**sought** /sóottt/	**sought** /sóottt/
Dormir	**sleep** /ssslíip/	**slept** /ssslepttt/	**slept** /ssslepttt/

En este *Paso* vamos a trabajar con tres verbos importantísimos. El primero de ellos es ***"to pay"*** (**'pagar'**) y aunque generalmente se utiliza para hablar de **'pagar dinero'**, también se utiliza en conceptos más metafóricos como en ***"You will pay for this!"*** (**'¡Pagarás por esto!'**).

El verbo ***"to seek"*** significa **'buscar'**. Probablemente conozcas otros verbos que también significan **'buscar'** como ***"search"*** o ***"look for"***, pero en la mayoría de ocasiones, utilizamos el verbo ***"to seek"*** en contextos que implican pedir ayuda. El pasado de este verbo resulta problemático para muchos estudiantes, así que quédate bien con su pronunciación en el pasado simple y participio: /sóottt/.

El tercer verbo con el que practicaremos es el verbo ***"to sleep"*** (**'dormir'**). Como bien sabes, debes esforzarte en pronunciar la **'s'** inicial de las palabras que comienzan por **'s'** líquida, y no olvides marcar la **'t'** final en este verbo cuando lo conjugues en pasado.

Comencemos practicando con los verbos ***"to pay"***, ***"to seek"*** y ***"to sleep"*** en su forma de pasado simple, acompaña este ejercicio con su audio correspondiente para que puedas apreciar la pronunciación de nuestro profesor.

Me pagó bien por el trabajo.	**He paid me well for the job.**
Consulté a mi médico.	**I sought help from my doctor.**

No te líes con la pronunciación del pasado de este verbo. Es mucho más fácil de lo que parece, es cuestión de práctica: **/sóottt/** .

Dormimos muy mal anoche.	**We slept very badly last night.**
Consulté con mi abogado.	**I sought advice from my lawyer.**

El verbo ***"to seek"*** es sinónimo de ***"to search for"*** de ***"to look for"*** pero no requiere preposición. De los tres es el que menos se emplea, ya que su uso se limita a casos muy concretos.

Dormí diez horas anoche.	**I slept for ten hours last night.**
Su hijo (de ellos) buscaba la atención toda la tarde.	**Their son sought attention all evening.**
Mi jefe me paga todos los meses el día 25 pero el mes pasado me pagó el día 30.	**My boss pays me on the 25th every month but last month he paid me on the 30th.**

En este ejercicio vamos a seguir practicando con los tres verbos de esta semana en su forma de participio de pasado. Utiliza la pronunciación que te hemos dado en la introducción de este *Paso*.

He pagado mucho dinero a mi dentista a lo largo de los años.	**I've paid my dentist a lot of money over the years.**

No cometas el error de decir *"I've paid to my dentist..."*, la preposición *"to"* es innecesaria aquí.

¿Has consultado a un especialista alguna vez?	**Have you ever sought advice from a specialist?**
¿Por qué no has pagado tus impuestos?	**Why haven't you paid your taxes?**
He dormido como un tronco.	**I've slept like a log.**

La comparación es parecida en inglés, ya que *"a log"* significa **'un leño'**.

¿Has dormido alguna vez en un banco de un parque?	**Have you ever slept on a park bench?**
Ha buscado financiación de su tío millonario.	**He has sought financing from his millionaire uncle.**
Nunca he dormido en un hotel de cinco estrellas.	**I've never slept in a 5-star hotel.**

¿SABÍAS QUE...?

En inglés, al igual que en castellano, hablamos de **'seguir conjsejos'** (*"follow advice"*). Pero también podemos usar el verbo *"to take"* cuando hablamos de *"advice"*: *"to take someone's advice"* (**'fiarse/tomar los consejos que nos da alguien'**).

"MAKE" VS *"TAKE"*

Cuando de **'tomar una decisión'** se trata, en inglés es más común oír el verbo *"to make"* pero también oirás a muchos usar el verbo *"to take"*: *"to take or make a decision"* (**'tomar una decisión'**).

NO OLVIDES QUE...

Si queremos expresar que una situación **'termina'** o **'acaba'** de una cierta manera o que **'terminamos'** haciendo algo, en inglés usamos el phrasal verb *"to end up"*.

¡Pon el CD!
Pista de audio
28

Una de las claves del éxito para aprender cualquier idioma es la capacidad de entender y ser entendido. Si no tienes una buena comprensión auditiva del inglés, no podrás usarlo en el mundo real, lejos de la comodidad que proporcionan las aulas.

Comprensión Auditiva

En este *Paso* te pondremos a prueba cada semana con la locución de un texto en inglés cotidiano. Primero, pon el audio y mientras lo escuchas, intenta contestar a las cinco preguntas de esta página. Después, en la página siguiente, lee dicho texto en inglés y las anotaciones que te ofrecemos. Si es necesario, vuelve a escuchar el audio y contesta cualquier pregunta que no hayas sabido responder antes. Para terminar, en la página **129**, puedes encontrar la traducción del párrafo al castellano y las respuestas a las preguntas de abajo. ¡Compruébalas!

1. **What does Penny not expect María to do?**

2. **How long has Penny known María?**

3. **How independent does Penny say María is?**

4. **What's the first thing María does when she needs to make an important decision?**

5. **What does she end up doing when she needs to make an important decision?**

Penny:

John, don't expect María to follow your advice. I've known her for ages and she's never once followed any advice of mine. She's pathologically independent and likes to assert this fact. When she needs to make an important decision, she often consults a lot of people, but she usually ends up designing her own solution.

expect... to follow

Recuerda que hay tres posibles verbos en inglés que corresponden al verbo español **'esperar'**. Sin embargo, cuando se dice **'no esperes que alguien haga algo'** sólo hay una posible traducción: ***"Don't expect x to do y"***. ***"Expect"*** significa **'esperar'** en el sentido de expectativas y se usa cuando creemos que algo es cierto o cuando damos algo por hecho.

for ages

Existen muchas formas de decir **'desde hace años'**. Te proponemos una lista a continuación empezando con los ejemplos más formales:

"I've known her for years."
"I've known her for ages."
"I've known her for yonks." (Muy coloquial)
"I've known her for eons." (Muy coloquial)

any advice of mine

No olvides que no se puede contabilizar ***"advice"*** en inglés. Es decir, que **'un consejo'** es ***"some advice"*** y se convierte en ***"any advice"*** cuando queremos hablar con un verbo en negativo.

pathologically

Un truco ortográfico: todos los adverbios que provienen de un adjetivo que acaba en **'al'** se escriben con doble **'l'** seguido de la **'y'**. De ***"final"*** tenemos ***"finally"***; de ***"emotional"*** viene ***"emotionally"***, y de ***"controversial"***, viene ***"controversially"***

Penny:

John, no esperes que María siga tu consejo. La conozco desde hace años y nunca ha seguido uno de mis consejos. Ella es patológicamente independiente y le gusta declarar este hecho. Cuando tiene que tomar una decisión importante, suele preguntar a mucha gente, pero normalmente acaba diseñando su propia solución.

1. **What does Penny not expect María to do?**
   She doesn't expect María to follow John's advice.
2. **How long has Penny known María?**
   She's known her for ages.
3. **How independent does Penny say María is?**
   She says she's pathologically independent.
4. **What's the first thing María does when she needs to make an important decision?**
   She consults a lot of people.
5. **What does she end up doing when she needs to make an important decision?**
   She ends up designing her own solution.

Si te perdiste alguna pregunta de la primera página de este *Paso*, vuelve a poner el audio e inténtalo de nuevo. Estamos seguros de que esta vez tendrás mucha más facilidad para contestarlas.

DISTINTOS SIGNIFICADOS:

Además del sustantivo ***"a puzzle"***, existe en ingles el adjetivo ***"puzzled"*** que significa **'perplejo/a'**.

9

VERBOS ALTERNATIVOS

En este *Paso* veremos una alternativa a los verbos ***"to talk"*** o ***"to speak"***: el verbo ***"to chat"***, que significa **'charlar'**.

ALGO MÁS

El adverbio ***"hardly"*** se utiliza en inglés para expresar **'apenas'** o **'casi nunca'**. Decimos, por ejemplo, ***"I hardly ever eat at home"*** (**'Casi nunca como en casa'**).

¡Pon el CD!
Pista de audio
29

Números... ¡A paso ligero!

Números

En castellano, cuando no sabemos la cantidad exacta de algo, se suele decir, por ejemplo, **'de 100 a 200 personas'**. En inglés, empleamos una expresión equivalente, utilizando la preposición ***"to"***, decimos ***"100 to 200 people"***.

Tal y como sucede en castellano, solemos utilizar preposiciones precediendo esta estructura.

Around 5 to 10...	**Alrededor de 5 a 10...**
About 40 to 50...	**Alrededor/sobre de 40 a 50...**

A continuación, haremos un par de ejercicios de comprensión auditiva. En ellos, te daremos una serie de frases, y tendrás que identificar la cantidad de la que estamos hablando. No olvides tapar la parte izquierda de la página cuando escuches el audio para ver si eres capaz de entender las cantidades aproximadas de las que te hablamos en cada ejemplo.

Vamos a poner a prueba tu comprensión auditiva en inglés, de manera que en la columna de la izquierda, te daremos una serie de frases en inglés en las que nombramos una serie de cantidades aproximadas. En la columna de la derecha te haremos preguntas para ver si has entendido las cantidades de las que te estamos hablando.

I couldn't say for sure, but around five to six hundred trees had to be felled to make way for the new motorway.	¿Aproximadamente cuántas árboles se talaron? 500-600

¡Has leído y escuchado bien! ***"Felled"*** es el participio del verbo ***"to fell"***, que significa **'talar'**.

We'll need to order somewhere in the region of ten to fifteen thousand copies if we want to be sure not to run out in the first week.	¿Aproximadamente cuántas copias necesitaremos? 10.000-15.000
I was chatting to Mike the other day, and he told me that about forty to fifty people turned up to the conference in the end.	¿Aproximadamente cuánta gente asistió? 40-50
Did you read that article about Imelda Marcos last week? Apparently she owns around three to four thousand pair of shoes.	¿Aproximadamente cuántos pares de zapatos tiene Imelda Marcos? 3.000-4.000
I admit that I have a problem! I can't stop buying CDs. I must have something like seven to eight hundred in my collection.	¿Aproximadamente cuántos discos tengo? 700-800

No solemos decir nunca ***"seven hundred to eight hundred"***. Recuerda que el primer ***"hundred"*** se omite.

I must have counted something like thirty to forty empty cans on the beach this morning. It's a disgrace!	¿Aproximadamente cuántas latas vacías conté esta mañana en la playa? 30-40
When I'm on holiday I read around one to two hundred pages a day. The rest of the year I hardly read a thing.	¿Aproximadamente cuántas páginas leo cuando estoy de vacaciones? 100-200

Ahora que vas controlando más el uso de ***"to"*** para nombrar una cantidad aproximada de objetos, te proponemos una lista de traducción.

La marca vende de diez a veinte mil coches al año.	**The model of cars sells from ten to twenty thousands units per year.**

Al igual que en castellano, nos referimos **'un modelo de coche'** como ***"a model of car"***.

Vinieron alrededor de 15 a 20 personas a mi fiesta de graduación.	**Around fifteen to twenty people came to my graduation party.**
El medico me dijo que debería pesar entre 3 y 6 kilos menos.	**The doctor told me that I should weigh from 3 to 6 kilos less.**
La distancia de la tierra a la luna varia entre los trescientos cincuenta y los trescientos ochenta mil kilómetros.	**The distance from the Earth to the moon varies from three hundred and fifty to three hundred and eighty thousand kilometres.**

Al igual que sucede en castellano, en inglés omitimos el primer ***"thousand"***, decimos ***"from three hundred and fifty to three hundred and eighty thousand kilometres"*** o lo que es lo mismo **'de trescientos cincuenta a trescientos ochenta mil kilómetros'**.

Los médicos dicen que debemos beber alrededor de dos a tres litros de agua al día.	**Doctors say that we should drink around two to three litres of water every day.**

En Estados Unidos, es más común la grafía ***"liter"*** (**'litro'**), mientras que en el Reino Unido se suele escribir ***"litres"***. No obstante, la pronunciación de las dos grafías es la misma.

El puzle consta de 300 a 325 piezas.	**This puzzle is made up of 300 to 325 pieces.**

NI SE TE OCURRA...

Traducir de forma directa frases del estilo **'le pedí (a él) que no lo hiciera'**. Recuerda que la construcción es distinta en inglés. La traducción correcta es ***"I asked him not to do it"***.

NO OLVIDES QUE...

Frases comparativas como **'no bebí tantas cervezas como tú' no** se traducen al inglés a *"I didn't drink so many beers than you"* ni nada parecido. Empleando ***"as"***, di ***"I didn't drink as many beers as you"***.

ESFUÉRZATE EN.

Pronunciar siempre ***"paid"*** **/péiddd/**, con una **'d'** fuerte al final.

¡Pon el CD!
Pista de audio
30

¡El rePaso!

¡Ha llegado la hora del test final! El repaso continuo es la clave del éxito y nunca lo podemos olvidar. ¿Has logrado hacerte con todas las palabras, estructuras y sonidos de esta entrega? No sólo se trata de entenderlas, sino también de reproducirlas con confianza y soltura.

Él me pidió que no se lo dijera a nadie.	**He asked me not to tell anyone.**
Nos pidieron que no hablásemos en la iglesia.	**They asked us not to talk in the church.**
Les dijimos que no hablasen de ello con Carlos.	**We told them not to speak to Carlos about it.**

Decir frases del tipo *"he asked me that I not tell anyone it"*. Como te mencionamos, el acusativo emplea el infinitivo en el negativo, de esta manera ***"He told me not to tell anyone"*** (**'Él me pidió que no se lo dijera a nadie'**).

¿Merece la pena sacrificarse?	**Is it worth making a sacrifice?**
No merece la pena quejarse por ello.	**It's not worth complaining about.**
Creo que merece la pena luchar por ello.	**I think it's worth fighting for.**
La fábrica dejó de producir detergente hace mucho tiempo.	**The factory stopped making detergent a long time ago.**

¿Podéis dejar de hacer tanto ruido?	**Can you stop making all that noise?**
A la vuelta de París, pararé en Borgoña para comprar vino.	**On the way back from Paris, I'm stopping in Burgundy to buy some wine.**
Tengo que ponerme a preparar en serio este informe.	**I have to knuckle down to prepare this report.**
Una vez que llegues aquí, tendrás que esforzarte en serio.	**Once you get here you'll really have to knuckle down.**
Si él quiere conseguir sus metas, va a tener que esforzarse al máximo y trabajar para ellos.	**If he wants to achieve his goals, he's going to have to knuckle down and work for them.**

"knuckle" se pronuncia **/náakol/** sin ninguna 'k' inglesa.

Me licencié en sicología en junio del año pasado.	**I got my degree in psychology last June.**
¡Al final de noviembre tendré mi licencia de piloto!	**At the end of November I'll have my pilot's license!**
¿De verdad te valió la pena sacarte el masters en lenguas romance?	**Was getting your masters in romance languages really worth it?**
We saw fewer lions than zebras on the safari.	**We didn't see as many lions as zebras on the safari.**
I didn't drink as many beers as you did at the party.	**I drank fewer beers than you did at the party.**
They didn't find as many mushrooms as they did last time.	**They found fewer mushrooms than they did last time.**

Me pagó bien por el trabajo.	**He paid me well for the job.**
Consulté con mi abogado.	**I sought advice from my lawyer.**
¿Has dormido alguna vez en un banco de un parque?	**Have you ever slept on a park bench?**
La conozco desde hace años y nunca ha seguido uno de mis consejos.	**I've known her for ages and she's never once followed any advice of mine.**
Ella es patológicamente independiente y le gusta declarar este hecho.	**She's pathologically independent and likes to assert this fact.**

Al expresar **'La conozco desde hace años'** en inglés, recurrimos al **presente perfecto continuo** y decimos ***"I've known her for ages/years"***.

La marca vende de diez a veinte mil coches al año.	**The model of cars sells from ten to twenty thousands units per year.**
El médico me dijo que debería pesar entre 3 y 6 kilos menos.	**The doctor told me that I should weigh from 3 to 6 kilos less.**
Los médicos dicen que debemos beber alrededor de dos a tres litros de agua al día.	**Doctors say that we should drink around two to three litres of water every day.**

Un consejo: Si no dedicas un mínimo de **20 minutos al día** durante toda esta semana para consolidar tus conocimientos, acabarás desperdiciando todo el esfuerzo que has hecho en los últimos diez *Pasos*. REMEMBER: ¡20 minutos al día!

Notes

Notes

Notes